# SAINTE GENEVIÈVE, Vierge, et Patronne de Paris.

Sainte Geneviève naquit vers l'an 422, au village de Nanterre, près Paris. Elle avoit sept ans, lorsque saint Germain d'Auxerre et saint Loup de Troyes, qui alloient combattre l'hérésie de Pélage, dans la Grande-Bretagne, vinrent coucher dans le lieu de sa naissance. A la nouvelle de l'arrivée des deux saints évêques, le peuple accourut pour demander leur bénédiction. Geneviève se trouva dans la foule avec ses parents. Saint Germain, éclairé d'une lumière surnaturelle, la discerna, en disant que Dieu avoit sur elle des vues particulières. Geneviève lui ayant déclaré qu'elle ne vouloit avoir d'autre époux que Jésus-Christ, le saint prélat lui donna sa bénédiction, pour la consacrer à Dieu dès ce moment. Ensuite l'ayant menée à l'Eglise où le peuple étoit assemblé, il tint la main étendue sur sa tête durant la récitation de la prière publique. Il lui demanda le lendemain si elle se souvenoit de la promesse qu'elle avoit faite au Seigneur. « Oui, répondit-elle, je m'en souviens, et j'espère y être fidèle, avec le secours de la » grâce. » Après l'avoir exhortée à la persévérance, il lui donna une médaille de cuivre où étoit gravée la figure de la croix, en lui recommandant de la porter toujours à son cou; il lui dit encore, qu'en qualité d'épouse de Jésus-Christ elle devoit renoncer à toutes parures mondaines.

Depuis ce temps-là, Geneviève n'eut plus de goût que pour les exercices de piété. Elle ne s'estimoit jamais plus heureuse que quand elle pouvoit aller à l'église. Sa mère ayant refusé un jour de l'y mener, elle fondit en larmes, et la conjura de ne pas lui refuser cette grâce. Ses instances furent inutiles, sa mère lui donna un soufflet. Mais Dieu la punit de cette vivacité, en la rendant aveugle. Ce ne fut que près de deux ans après qu'elle recouvra la vue en se frottant les yeux avec de l'eau que sa fille avoit tirée du puits, et sur laquelle elle avoit fait le signe de la croix.

Lorsque Geneviève eut atteint l'âge de quinze ans, l'évêque de Paris lui donna le voile sacré de la religion. Après la mort de ses parents, elle se retira à Paris chez sa marraine. Son zèle pour la mortification augmentoit de jour en jour. Elle ne mangea plus que deux fois la semaine, le dimanche et le jeudi; ne se nourrissoit que de pain d'orge et de fèves, et ne buvoit que de l'eau. Elle continua ce genre de vie jusqu'à l'âge de cinquante ans, où quelques évêques exigèrent qu'elle usât d'un peu de lait et de poisson. A l'exercice de la mortification elle joignoit une inviolable pureté de corps et d'esprit, une humilité profonde, une foi ardente, une oraison presque continuelle, et une vive componction qui donnoit à ses yeux une source abondante de larmes.

Mais il falloit sans doute que sa vertu fût éprouvée par le feu des tribulations, car Dieu permit qu'il se formât contre elle une ligue générale. On décria son genre de vie; on la traita d'hypocrite et de visionnaire; enfin la calomnie vint à bout de gagner l'esprit du peuple. L'orage dura jusqu'à l'arrivée de saint Germain d'Auxerre, qui passa par Paris, dans un second voyage qu'il faisoit dans la Grande-Bretagne. Il prit la défense de Geneviève, et confondit les impostures de ses calomniateurs. Mais le calme ne fut pas de longue durée.

Attila, roi des Huns, étoit entré en France avec une armée formidable. Au bruit de sa marche, les Parisiens effrayés, résolurent d'abandonner leur ville et de se retirer dans quelque place mieux fortifiée. Geneviève tâcha de les rassurer, elle osa même leur promettre qu'ils éprouveroient l'effet de la protection divine, s'ils avoient recours au jeûne et à la prière. Il n'y eut que quelques femmes pieuses qui l'écoutèrent, les autres habitants de la ville la traitèrent de fausse prophétesse; on voulut même attenter à sa vie. Pendant cet orage, arriva l'archidiacre d'Auxerre, qui apportoit à Geneviève des *eulogies* (1) de la part de saint Germain. Le saint évêque donnoit à entendre par là qu'il faisoit une grande estime de Geneviève, et qu'il étoit uni de communion avec elle. Cette circonstance fit rentrer en eux-mêmes les plus acharnés des persécuteurs de la servante de Dieu; et l'événement ayant vérifié sa prédiction, ils conçurent pour elle une grande vénération, et cette vénération s'accrut de jour en jour; car, outre l'esprit de prophétie, Geneviève avoit encore le don des miracles. Le bruit de sa sainteté se répandit jusqu'aux extrémités du monde; saint Siméon Stylite lui fit demander le secours de ses prières.

Sainte Geneviève mourut le 3 janvier 512. La châsse qui renfermoit ses reliques se portoit en procession dans les calamités publiques, et on a plusieurs fois éprouvé les effets sensibles de la puissante protection de la servante de Dieu auprès du Seigneur. On lui dut surtout la cessation de la cruelle maladie connue sous le nom *des ardents*, parce qu'elle consumoit ceux qui en étoient attaqués, par un feu secret et meurtrier.

PRATIQUE. Imitons les vertus de sainte Geneviève, surtout sa foi et sa résignation dans les épreuves. Ayons recours, comme elle, à la prière et à la mortification, et comptons sur la miséricorde de Dieu dans les malheurs qui nous arrivent, et sur sa bonté qui, pour nous ramener à la vertu, ne punit nos péchés qu'afin d'accroître nos mérites et la gloire qui doit en être la récompense.

PRIÈRE. Accordez-nous, Seigneur, par l'intercession de sainte Geneviève, l'esprit de prière et d'amour, afin que nous participions au bonheur que vous avez promis aux imitateurs de vos élus. Ainsi soit-il.

(1) Présents de choses bénites.

# SAINTE GENEVIÈVE

## DE NANTERRE

## DÉCLARATION DE L'AUTEUR

Tous les faits énoncés dans ce livre et qui ne sont pas déclarés authentiques par le Saint-Siège, n'ont que la valeur d'un témoignage historique.

Tous droits de traduction et de reproduction, à l'étranger comme en France, sont réservés.

Déposé au Ministère de l'Intérieur (section des imprimés), en septembre 1882.

# S<sup>TE</sup> GENEVIÈVE

## DE NANTERRE

### BIOGRAPHIE ILLUSTRÉE

**36** DESSINS D'APRÈS VIOLLET-LEDUC

*VUES DE NANTERRE*

S<sup>TE</sup> GENEVIÈVE DE VAN LOO

PAR

## L'ABBÉ DELAUMOSNE

CURÉ DE NANTERRE

PARIS
E. BALTENWECK, LIBRAIRE-ÉDITEUR
7, RUE HONORÉ-CHEVALIER
1882

# EX-VOTO

## A SAINTE GENEVIÈVE

*Puissante et bonne sainte Geneviève, fleur du ciel éclose à Nanterre, permettez au curé gardien de votre berceau, de vous offrir l'hommage de ce travail entrepris en votre honneur.*

*Vous aurez pour agréable un présent envoyé d'un pays que vous ne sauriez oublier et qui aime à se souvenir de vous. Déjà, en votre mémoire, j'ai fait graver l'effigie de la medaille que vous avez reçue à Nanterre, des mains de saint Germain; et, après plus de quatorze siècles, on revoit à Nanterre ce precieux monogramme du Christ, dont, pendant toute votre vie, vous avez fait votre plus belle parure.*

*Je demande souvent à Dieu de m'inspirer les moyens de contribuer à votre gloire et je le bénis de m'avoir permis de traduire en images les scènes touchantes de votre vie.*

*Depuis le prêtre Génésius, votre dévoué collaborateur, jusqu'au pieux et savant chevalier Artaud, beaucoup ont écrit votre vie en prose et en vers.*

*De notre temps, un architecte éminent (1) a eu l'heureuse idée de l'écrire en images. Fidèle interprète de l'art antique, d'une main sûre et hardie, il a esquissé trente-six tableaux, où l'on aime à vous voir partout et toujours accourant au cri du malheur! Cette conception magistrale a été confiée au pinceau habile d'un*

(1) Viollet-Leduc.

*peintre-verrier distingué (1), et ses riches dessins sont encadrés dans les belles verrières du pourtour du cloître de Notre-Dame de Paris.*

*Mais le privilège de les admirer est nécessairement réservé à un petit nombre de visiteurs; d'ailleurs, des peintures sur verre sont exposées à plus d'un péril de dégradation. Il est donc utile de mettre à la portée de tous et de garantir la durée de ces chefs-d'œuvre, véritables types du vrai et du beau. Voilà pourquoi je les ai réunis dans un recueil imprimé, et je vous offre, aimable sainte Geneviève, cette biographie illustrée, comme étant votre bien, puisque vous êtes l'héroïne qui en a fourni la matière et le modèle.*

*Elle vous appartient encore à un autre titre. En permettant à tous de voir de leurs yeux les merveilles que Dieu a opérées en vous et par vous, nous redoublerons de vénération et de confiance, nous recourrons à vous dans le malheur, vous viendrez à notre secours, et nous*

(1) Steihnel.

offrirons un cantique d'actions de grâces à celle qui en tout temps sera la bonne et puissante Patronne de Paris et de la France.

Aujourd'hui je vous dédie ce livre; vienne bientôt l'heure où j'aurai la joie de vous adresser une nouvelle dédicace! Autrefois, dans Nanterre, on reconnaissait à des signes de piété les lieux que vous aviez particulièrement honorés de votre présence; aujourd'hui le pèlerin ne sait plus où diriger ses pas. Nul vestige de votre parc, ni de votre enclos, ni de votre élégante chapelle sur l'emplacement même de la maison paternelle. Heureusement votre puits et un coin de votre cher oratoire ont été épargnés!

Si au moins dans l'église témoin de vos premiers vœux, vous aviez une chapelle et un autel dignes de vous! Quand donc une main pieuse et généreuse s'ouvrira-t-elle pour relever l'honneur de votre berceau?

J'espère de vous de grandes bénédictions sur Nanterre et son pasteur; mais je vous demande la faveur de ne pas mourir avec le regret de *délaisser votre douce image sur un autel vulgaire, sous une voûte et entre des murailles dénudées.*

Hoc erat in votis...! Exoriare aliquis...?

*Nanterre, le 1ᵉʳ mai 1882.*

## DELAUMOSNE,

**Curé.**

# PROLOGUE

PÈLERINAGE

AU

BERCEAU DE SAINTE GENEVIEVE

DE NANTERRE

—

### *HISTORIQUE*

ANTERRE n'est pas un de ces pays vulgaires et ignorés dont on daigne à peine confier le nom à la mémoire. L'honneur d'avoir vu naître et grandir la future patronne de Paris et de la France a valu à Nanterre une réputation universelle. Partout on lit les faits que l'histoire a conservés touchant les premières années de la *Vierge de Nanterre*.

Ainsi la Providence conduit les pas de deux évêques pour distinguer et montrer à la foule la *Fille du Ciel*. Saint Germain d'Auxerre la baise sur le front, il tient les mains étendues sur sa tête, il reçoit ses promesses et lui donne en souvenir la célèbre médaille crucigère. Qui n'a entendu parler de cette scène touchante de Nanterre? Qui pourra l'oublier?

D'ailleurs, le souvenir en est assez renouvelé par le pèlerinage au berceau de sainte Geneviève. Chaque année de nombreux pèlerins viennent déposer leurs hommages et leurs vœux dans ce lieu sanctifié, et retournent à leurs foyers, bénissant *la douce et miraculeuse bergère* et l'heureux pays qui l'a vu naître.

Venez à votre tour, pèlerins de l'avenir! La pierre du puits, la porte de l'oratoire ne seront jamais scellées, car après avoir reçu les hommages de plus de douze siècles, ce pèlerinage ne saurait être arraché à l'affection des pays d'alentour, et voici les gages et les garanties de sa future et perpétuelle durée :

1º LE RESPECT POUR UNE ŒUVRE TRADITIONNELLE

L'origine de Nanterre se perd dans la nuit des temps. Cet ancien et joli bourg (1) existait longtemps avant l'ère chrétienne, et certainement avant la conquête des Gaules par l'empereur Jules César.

Comme l'indique l'étymologie du nom, ce lieu avait un temple dédié aux divinités qu'adoraient les

(1) Ville aujourd'hui.

Gaulois. De nombreux druides étaient attachés au service de ce temple. Tout le territoire compris dans les premières sinuosités de la Seine, ce que l'on appelle aujourd'hui la plaine de Gennevilliers, était affecté à l'entretien des prêtres et du temple.

C'est là qu'aux jours indiqués, les foules venaient de loin pour assister à d'horribles sacrifices. C'est là que, dans des paniers d'osier, en l'honneur de Teutatès, on brûlait des victimes humaines.

Qui sait si cette première et abominable destination de Nanterre n'a pas été pour la Providence la raison de substituer à ces farouches pèlerins, le gracieux et bienfaisant pèlerinage de sainte Geneviève de Nanterre ?

Quoi qu'il en soit, les pèlerinages au tombeau et au berceau de sainte Geneviève ont la même date d'origine.

Sainte Geneviève venait de mourir : à peine sa dépouille mortelle était descendue dans la crypte de l'église qui bientôt porterait son nom; à peine sainte Clotilde, son amie, lui avait-elle fait l'honneur de reposer près de la tombe de Clovis, que déjà d'une voix unanime elle était proclamée *sainte* par la multitude, et le décret de sa *canonisation* fut l'acclamation publique.

Aussitôt les fidèles accoururent en foule à son tombeau. Des milliers de cierges brûlaient près du petit édicule en bois qui protégeait la pierre sépulcrale.

Ces honneurs rendus au tombeau éveillèrent spontanément le souvenir du berceau de la nouvelle compagne des saints et des anges, et la dévotion pour les emblèmes de la mort se dirigea vers les images de la vie, et tour à tour un égal honneur fut décerné au linceul et aux langes. Les fidèles, pour satisfaire leur dévotion, se crurent obligés de descendre de la montagne Sainte-Geneviève pour prier à son berceau. Telle est l'origine du pèlerinage à Nanterre.

Cet usage s'est perpétué de siècle en siècle, et aujourd'hui encore on voit des familles qui, de père en fils, sont restées fidèles aux traditions du passé. — Qui donc oserait toucher au berceau de sainte Geneviève? Paris, Versailles, Saint-Germain et toutes les paroisses à plusieurs lieues à la ronde accourraient pour protéger des lieux chers à tant de générations.

2° LE CHOIX DES JOURS DÉDIÉS AU PÈLERINAGE

Il y a dans l'année trois époques de pèlerinage à Nanterre : le jour de la fête du 3 janvier et son octave; le jour et le lendemain de la Pentecôte; le jour de la fête de l'Exaltation de la Sainte-Croix et son octave.

Les raisons qui ont présidé au choix de ces époques sont un nouveau et pressant appel au concours empressé des fidèles.

### Pèlerinage du 3 janvier

Le 3 janvier, l'anniversaire du passage de sainte Geneviève à une vie meilleure est célébré par deux pèlerinages à la fois : l'un à sa *basilique* et à Saint-

Étienne-du-Mont, qui possède d'insignes fragments des ossements et de la pierre tumulaire de la sainte; l'autre au pays de sa naissance.

Dans celui-ci nous la voyons naître pour édifier la terre; celui-là nous rappelle sa naissance pour le ciel. Dans l'un et dans l'autre on s'encourage au bien par l'attrait de ses vertus comme par l'éclat des perles qui brillent à sa couronne.

Jusqu'à présent, ces deux pèlerinages ont vécu côte à côte sans se porter préjudice. La facilité, la rapidité de communications sembleraient donner la faveur à la capitale. Par la même raison, Nanterre n'est pas délaissé, et souvent le pèlerin de Paris de la veille, sera, le lendemain, le pèlerin de Nanterre. Dans cette saison rigoureuse de l'année, il va sans dire que l'affluence des fidèles de Paris est moins considérable; mais Nanterre est toujours le rendez-vous de la banlieue fidèle. — Neuilly, Boulogne, Saint-Cloud, Versailles, Saint-Germain, Saint-Denys n'oublient pas qu'ils environnent un saint berceau, et qu'ils sont pour sainte Geneviève cette riche ceinture dont les pays voisins sont les perles. Aussi ni la boue des chemins, ni l'encombrement des neiges, ni le froid piquant, ni la crainte des averses, rien n'arrête ces populations vigoureuses, quand il s'agit d'honorer la bienfaitrice de la contrée.

A ceux qui regrettent de ne pouvoir prendre part au pèlerinage d'hiver, voici le dédommagement.

*Pèlerinage des fêtes de la Pentecôte*

Ce pèlerinage, outre l'appel de la belle saison, offre l'attrait piquant du couronnement de la *Rosière*, mémorial vivant et perpétuel de la vierge de Nanterre.

Chaque année, le conseil municipal, de concert avec M. le curé, fixe son choix sur la jeune fille qui s'est distinguée par une conduite irréprochable et par son dévouement à sa famille. Une dot lui est assurée sur la caisse municipale. L'heureuse élue prend le nom de Rosière, en témoignage qu'elle a mérité la couronne de roses qui lui est préparée.

Le couronnement a lieu solennellement à l'église (1). La *Rosière*, richement mais modestement vêtue, s'agenouille à l'autel, accompagnée de sa devancière, et d'une petite fille habillée à la façon de sainte Geneviève enfant. On bénit la couronne; du haut de la chaire, après quelques paroles d'à-propos, on l'invite à monter les degrés d'un trône richement décoré, où l'attend la dame qui a le privilège de la couronner et qui va devenir sa marraine et sa protectrice.

Le lendemain comme la veille, c'est fête dans le pays. La Rosière assiste en livrée à tous les offices.

(1) Autrefois, en couronnant la Rosière, le curé prononçait à haute voix ces deux vers gracieux de Fortunat :

*Te, inter mundanas Vepres gradiente, fatemur,*
*Calcatis spinis, promeruisse rosas.*

Dans le cours de l'année, on lui décerne l'honneur de porter la bannière de ses compagnes et de quêter pour les pauvres du bureau de bienfaisance.

On comprend que la signification de cette cérémonie religieuse se soit traduite par un pèlerinage. Sainte Geneviève est la première rosière de Nanterre. C'est à elle que remontent les honneurs rendus à la jeune fille appelée à lui succéder. Quand on admire en souriant la petite fille habillée en bergère, ce sourire applaudit aux vertus de la sainte et aimable bergère de Nanterre.

Le pèlerinage des fêtes de la Pentecôte doit donc son origine au couronnement de la Rosière, et comme Nanterre s'opposerait toujours à la suppression de cette gracieuse fête, le pèlerinage de juin n'est pas près de finir.

*Pèlerinage de la Croix, du 14 au 22 septembre*

Qui n'a entendu parler du célèbre pèlerinage au calvaire du Mont-Valérien, le 14 septembre, fête de l'Exaltation de la Sainte-Croix, et pendant son octave?

Mais l'on ne sait peut-être pas aussi clairement comment et pourquoi ce pèlerinage est devenu l'apanage et l'héritage de Nanterre.

Voici l'explication du fait.

Le Mont-Valérien faisait partie du territoire de Nanterre. Jusqu'à l'an 1700 les ermites et même les religieux étaient soumis à la juridiction du curé-prieur. Depuis cette époque et en vertu d'un concordat, ils ne furent plus obligés à cette tutelle, ni pour les sacrements, ni pour quoi que ce soit, mais ils s'engagèrent à une redevance pour les droits curiaux à l'occasion des sépultures.

En 1634, Hubert Charpentier, prêtre du diocèse d'Auch, fondateur du calvaire et de l'église, obtient la permission de la construire sur le terrain de l'enclos dit de Sainte-Geneviève, dans la circonscription de la paroisse de Nanterre : *infrà limites parochiæ de Nemptoduro*. Le lieu du pèlerinage appartenait donc à Nanterre. De plus, les pèlerins du nord et de l'ouest de la contrée ne pouvaient se dispenser de traverser la paroisse. Aussi, suivant un usage constant, l'église de Sainte-Geneviève était le lieu du rendez-vous. A 9 heures on y célébrait une messe de communion, et de là on se rendait processionnellement à la montagne des Trois-Croix.

Or, comme par ordre supérieur, les marchands de comestibles devaient se tenir éloignés du pèlerinage à la distance d'une demi-lieue, naturellement un grand nombre de pèlerins descendait à Nanterre pour se procurer les choses nécessaires à la vie. On faisait une grande consommation de ces gâteaux, qui doivent leur renommée surtout au souvenir des Eulogies ou pain bénit que saint Germain d'Auxerre, en 451, envoya par son archidiacre Sedulius à sainte Geneviève, en signe de l'estime et de l'affection qu'il avait pour elle.

Il y avait foule autour du puits, dont l'eau bénite par sainte Geneviève rendit la vue à Géronce, sa mère. Nanterre était l'hôtellerie du pèlerinage et on associait la dévotion à sainte Geneviève au culte de la Croix.

Ainsi, en même temps, la paroisse avait le privilège de posséder deux pèlerinages, l'un au centre du pays, l'autre aux limites de son territoire.

Aujourd'hui rien n'appelle au Mont-Valérien. On n'entend plus la mélodie de ces chants qui attendrissaient l'âme de Bernardin de Saint-Pierre et de son sompagnon trop connu. Le calvaire a disparu. Mais bénie soit la vitalité des traditions chrétiennes! Un certain nombre de fidèles viennent encore à Nanterre au retour de l'époque du grand pèlerinage de la Croix. Comme autrefois ils retrouvent les souvenirs de sainte Geneviève; on leur présente à baiser la relique de la vraie Croix, et ils s'en vont satisfaits d'avoir été fidèles à un usage si cher à la capitale et à tous les pays d'alentour.

Pour encourager leur fidélité, il convient de leur annoncer une bonne nouvelle. Cette année, l'antique confrérie de Sainte-Geneviève à Nanterre a reçu la confirmation canonique des privilèges accordés par N. S. le pape Urbain VIII. Une indulgence plénière est attachée à la visite de l'église de Nanterre, la veille au soir et pendant toute la journée du 22 septembre, fête de saint Maurice, patron de la paroisse.

Concluons par un souvenir qui ne saurait manquer

d'être un appel. A dater de 1666 jusqu'en 1789, presque tous les curés de Paris et des faubourgs étaient agrégés à la congrégation d'Hubert Charpentier, comme gardiens honoraires du sépulcre. Depuis que Pierre Coudère, vicaire à Saint-Sulpice, fut élu supérieur de la communauté du Mont-Valérien, les prêtres et le séminaire de Saint-Sulpice se distinguèrent par leur affection au calvaire.

Par respect pour de pareils souvenirs, on reverra donc, non plus sur le sommet, mais au pied de la sainte montagne et le pieux clergé des paroisses et les lévites du sanctuaire. De nombreux fidèles viendront à leur tour, et Nanterre édifié se réjouira de faire bon accueil aux pèlerins de la Croix et de sainte Geneviève.

### 3° LE SOUVENIR DES BIENFAITS OBTENUS

Au témoignage de l'histoire, dès que sainte Geneviève fut l'objet de la vénération publique, le pèlerinage de Nanterre fut très fréquenté. Il obtint surtout une célébrité nouvelle, depuis qu'un poète du quinzième siècle (1) raconta en vers un miracle signalé, dû à l'usage de l'eau du puits. Selon l'abbé Lebœuf, en 1755, ce pèlerinage était pour ainsi dire continuel. Le territoire, presque entièrement planté de vignes, donnait une récolte à peine suffisante à la consommation des pèlerins.

(1) Erasme.

L'expérience de tous les jours attestait que le puits de Sainte-Geneviève était la source de nombreux bienfaits.

En *591*, Clotaire II, âgé de sept ans, reçut le baptême dans l'église de Nanterre. Gontran, son parrain, augurait bien de la protection de sainte Geneviève pour son pupille.

Blanche de Castille vient tout en larmes à Nanserre. Sa fille Isabelle est abandonnée des médecins. Elle la voue à sainte Geneviève. Isabelle recouvre la santé, et par surcroît, elle obtient la grâce de s'appeler un jour la bienheureuse Isabelle de France.

*Saint Louis* visita souvent ce lieu de bénédiction. Il était près d'expirer sur son lit de cendres, et, sur la terre d'Afrique, on l'entendit murmurer le nom de celle dont tant de fois il avait vénéré le berceau.

En *1349*, Jean le Bon, duc de Bretagne, et Jeanne, comtesse de Boulogne et d'Auvergne, malgré la distance des lieux, se réunissent à Nanterre pour la célébration de leur mariage, et la chapelle de sainte Geneviève ne fut pas oubliée dans la corbeille des noces.

En *1412*, Charles VI exige que toujours à sa table on lui serve de l'eau du puits de Sainte-Geneviève.

En *1465*, messire Jean Simon, évêque de Paris, rétablit la confrérie de Nanterre et accorde des indulgences pour exciter les Parisiens à contribuer à la réparation et à la décoration de la chapelle. Et grâce à son invitation, la chapelle fut en ce temps-là augmentée de beaucoup, et pourvue de plusieurs ornements.

En *1488,* un bourgeois de Paris, potier d'étain, et sa femme, Collette de Lestre, se disant descendus de Sévère et de Géronce, donnent à la confrérie de Nanterre une maison, un jardin et des terres comme ayant appartenu aux parents de sainte Geneviève.

En *1558,* le Père Lejuge raconte les effets merveilleux que le peuple retirait des pains bénits de sainte Geneviève, marqués du signe de la croix, en mémoire de la médaille que la sainte avait reçue de saint Germain.

En *1625,* Henriette-Marie de France, reine d'Angleterre, fait un envoi d'étoffes somptueuses, et la maréchale de Vitri fait une riche offrande de linge et d'une lampe en argent.

En *1631,* Louis XIII, à son retour de Savoye, tombe dangereusement malade à Lyon. Il se recommande à sainte Geneviève, il obtient sa guérison, et Nanterre ouvre ses portes au roi reconnaissant.

De *1636* à *1638,* Anne d'Autriche semble avoir fait élection de domicile au berceau de sainte Geneviève. Cette reine demande avec instance, pour le bonheur de la France, de laisser un héritier du trône. Après deux ans de prières redoublées, elle est enfin exaucée, elle devient mère de Louis XIV.

Elle ne met point de bornes à sa reconnaissance.

Elle enrichit l'église de dons considérables, en linge, en argenterie et en ornements sacrés.

Le pape Urbain VIII avait tenu à l'honneur de préparer et de bénir la layette du grand dauphin de France. Louis XIII en fit présent à l'église de Sainte-Geneviève, jugeant que les langes du futur grand roi ne seraient pas déplacés à côté du berceau de la grande patronne de la France.

De tous ces ex-voto de la reconnaissance royale, un seul a échappé au sacrilège pillage de 93. Heureusement on a sauvé une chasuble et deux dalmatiques richement brodées par d'habiles et nobles mains. Cet ornement précieux et de couleur rouge, est réservé aux honneurs et aux pompes du pèlerinage de la Pentecôte.

Il est pénible de voir dans le dénûment une église autrefois si riche ! Mais qui pourra nous consoler de la perte irréparable du voile et d'une partie des vêtements de la sainte qui, en 1642 encore, étaient exposés aux regards attendris ?

Devons-nous continuer cette touchante série de bienfaits et de reconnaissance ?

En *1846,* une famille de la Beauce, alarmée de la mortalité qui désolait ses étables, mêle au breuvage des animaux l'eau de la barrique qu'elle a rapportée du puits ; aussitôt l'épizootie disparaît. Cette famille, ramenée à Nanterre par la reconnaissance, a raconté le fait à un homme digne de foi.

Un jour, vers la même époque, l'impératrice Eugénie frappe à la porte de l'oratoire vénéré ; elle demande force et vigueur pour le prince impérial, qui prie à ses côtés. Sa prière est exaucée. Peut-être se console-t-elle à l'heure présente à la pensée que ce malheureux prince a usé de sa force, comme de son courage et de sa foi, avant de recevoir le coup mortel de sauvages assassins. On respecte *l'ex-voto* de la bienfaisante impératrice. C'est un tableau représentant sainte Geneviève rendant la vue à sa mère.

Tels sont les bienfaits éclatants que l'histoire a recueillis, mais elle nous laisse à deviner ces milliers de grâces particulières qui sont du domaine de la reconnaissance privée.

Quelles sont les conséquences de ce glorieux bulletin des faveurs dont sainte Geneviève est prodigue à son berceau ? Il faut réveiller notre dévotion pour un pèlerinage illustré par tant de souvenirs. Nous devons rendre à ces lieux, je ne dis pas leur ancienne splendeur, mais réparer des ruines qui attristent les yeux. Surtout et plus que jamais, il est urgent d'accourir à rangs pressés à cette arche de salut. Il nous reste à indiquer cette raison d'urgence.

4° L'ESPÉRANCE D'OBTENIR LA FIN DES MAUX PRÉSENTS

Est-il besoin de faire le douloureux récit des maux où sont aujourd'hui plongés l'Église et la société ? Tout le monde les connaît ; tout le monde en souffre et en gémit. Et dire que c'est le commencement ! Qui ose, sans frissonner, envisager l'avenir ?

Ils ont dit : Plus de Dieu, plus de Christ, plus d'Eglise ! Ils s'enhardissent de leurs premiers succès ; tout semble leur réussir, et déjà ils chantent leur prochain triomphe.

Qui mettra une digue à ce torrent qui menace de tout engloutir ? Dieu seul sait des méchants arrêter les complots.

Quels moyens Dieu va-t-il employer ? Comme toujours, il attend l'intercession de Marie, des anges et des saints.

Comment pouvons-nous compter sur cette puissante intercession ? Par les prières et les supplications.

A quels saints devons-nous avoir recours ? Après Marie et les anges aux saints et aux saintes que la France a choisis pour ses patrons.

Donc, nous devons implorer particulièrement sainte Geneviève, la bonne et puissante protectrice de Paris et de la France.

Où lui adresser nos prières, sinon dans les lieux que, de vieille date, elle a choisis pour exaucer les vœux de ceux qui l'invoquent.

Donc, fidèles amis de Dieu, de l'Église et de la France, venez au berceau, allez au tombeau de celle qui aime Paris et la France. Multipliez vos ferventes et persévérantes prières. Faites monter ce cri de détresse et de confiance : Sainte Geneviève, sauvez-nous, nous périssons !

Que vois-je ? Est-ce que déjà notre prière est exaucée ? Oui, sainte Geneviève a parlé pour son peuple. Le Seigneur s'est levé et ses ennemis sont dispersés.

Les voyez-vous qui fuient sur tous les chemins. Ils ne savent où se cacher, ils portent au front le stigmate de la réprobation universelle.

Dieu a commandé aux flots et à la tempête, et il se fait un grand calme. Le Seigneur a montré l'homme de sa droite, et tout le monde acclame le Sauveur envoyé de Dieu.

Gloire, actions de grâces à sainte Geneviève ! Une fois de plus elle a sauvé l'Église, Paris et la France !!!

Puits de Sainte-Geneviève.

## I

LES ANGES SE RÉJOUISSENT DE LA NAISSANCE
DE SAINTE GENEVIÈVE

AINT Germain, de passage à Nanterre en 429, pendant son exhortation à la foule accourue sur ses pas, distingue une enfant d'une figure aux traits célestes. Il la fait approcher, l'embrasse sur le front. Il demande son nom ; on lui répond qu'elle s'appelle Geneviève.

Il s'informe de ses parents. Ceux-ci, tremblants d'émotion, s'approchent, et il leur dit : « Est-ce là votre fille ? — Oui, vénérable Père... »

Alors saint Germain, rempli de l'esprit prophétique, prononça solennellement cet oracle sur la jeune enfant élue de Dieu :

« Heureux père, heureuse mère, que je vous félicite d'avoir donné le jour à cette enfant privilégiée !

« La joie éclata dans le ciel à sa naissance, et les anges l'ont célébrée par de saints concerts. Elle sera grande devant le Seigneur. Les hommes les plus parfaits la prendront pour modèle, et touchés de ses vertus, entraînés par ses exemples, beaucoup s'éloigneront du mal, et quittant une vie impudique et perverse, se convertiront au Seigneur et obtiendront du Christ la rémission de leurs péchés et les récompenses de la vie éternelle. »

Craignez de contrister l'ange commis à votre garde.

Ste GENEVIÈVE SE CONSACRANT A DIEU

## II

SAINT GERMAIN TIENT LES MAINS ÉTENDUES SUR LA TÊTE DE SAINTE GENEVIÈVE, QUI LUI PROMET DE SE CONSACRER A JÉSUS-CHRIST DE CORPS ET D'ESPRIT

APRÈS avoir félicité Sévère et Géronce, père et mère de sainte Geneviève, l'évêque s'étant retourné vers l'enfant, lui dit : « Geneviève, ma fille, voulez-vous m'écouter ? » L'enfant : « Père saint, votre enfant vous écoute, je suis prête à vous obéir. »

Alors l'évêque : « Parlez sans crainte, ouvrez-moi votre cœur avec franchise. Ne voudriez-vous pas être consacrée à Jésus-Christ et lui garder jusqu'à la mort une inviolable fidélité ? Seriez-vous bien aise d'être la digne épouse du Sauveur ?

— Soyez béni, mon père, vous me demandez ce que je désire de tout mon cœur. Oui, je le désire, je le veux ; père saint, aidez-moi de vos prières, pour que le Seigneur daigne exaucer mes vœux.

— Eh bien ! ma fille, ayez confiance, armez-vous de courage. Ce que croit votre cœur, ce que confesse votre bouche, accomplissez-le dans vos mœurs, et le Seigneur ornera votre âme de force et de vertu. »

Il était près de six heures du soir. Aussitôt saint Germain et saint Loup, suivis d'une foule considérable, s'acheminent vers l'église paroissiale pour y chanter les offices de none et de vêpres.

Tant que dura l'office, saint Germain tint sa main étendue sur la tête de Geneviève enfant.

La cérémonie achevée et après avoir de nouveau exhorté les fidèles, saint Germain et saint Loup invitèrent Sévère et Géronce avec leur enfant à partager leur frugal souper. Le repas fini et les grâces dites, on se sépare, et saint Germain recommande instamment aux parents de sainte Geneviève de lui ramener le lendemain leur enfant, dès le matin, avant son départ de Nanterre.

Soyez fidèle aux promesses de votre baptême.

Ste GENEVIÈVE RECEVANT UNE MÉDAILLE

## III

SAINT GERMAIN DONNE A SAINTE GENEVIÈVE UNE MÉDAILLE
EN SIGNE DE L'ALLIANCE QU'ELLE A PROMISE A DIEU

E lendemain, dès la pointe du jour, Sévère et Géronce, comme ils l'avaient promis la veille, présentèrent de nouveau leur enfant à saint Germain, qui lui dit : « Bonjour, ma fille Geneviève, vous rappelez-vous ce que vous m'avez promis hier, de vous consacrer entièrement à Jésus-Christ ? — Oui, et avec la grâce de Dieu que vous m'obtiendrez par vos prières, j'espère être fidèle à ma résolution. »

Le saint évêque lève les yeux au ciel pour remercier Dieu, puis les abaissant, il aperçoit à ses pieds une pièce de monnaie en cuivre, marquée du signe de la croix. Par un mouvement inspiré, il se penche, prend religieusement cette forme de médaille qui a providentiellement frappé ses regards, et la mettant dans la main de Geneviève, il lui dit d'une voix paternelle : « Faites-la percer, suspendez-la à votre cou et portez-la toute votre vie en souvenir de moi et de l'alliance que vous avez contractée avec le Seigneur. Que jamais ni l'or, ni l'argent, ni les perles ou pierres précieuses ne brillent à vos doigts ou sur votre poitrine. Car si votre cœur se laissait entraîner par le goût des vaines parures, vous perdriez les glorieux ornements réservés aux épouses de Jésus-Christ dans l'éternelle gloire. »

Après cet entretien, qui fut honoré de la présence des anges et qui eut tout le peuple pour témoin, saint Germain dit adieu à Geneviève, en la recommandant à ses parents et la priant avec instance de se souvenir de lui devant le Seigneur.

Gardez le souvenir du beau jour de votre première communion.

Ste GENEVIÈVE EST MALTRAITÉE PAR SA MÈRE

Ste GENEVIÈVE GUÉRIT SA MÈRE

## IV

SAINTE GENEVIÈVE REND LA VUE A SA MÈRE

Depuis les exhortations de saint Germain, sainte Geneviève se considérait déjà comme entièrement dévouée au service de Dieu : aussi son plus grand bonheur était, les jours de fêtes, d'assister aux divins offices ; ce qui devint pour elle l'occasion d'une grande épreuve.

Un jour que l'on célébrait une grande fête, sa mère voulut aller seule à l'église, et, trop craintive pour la santé de sa fille, elle lui défendit de l'accompagner.

Sainte Geneviève fut fort affligée de cette défense. Mais comme elle ne savait qu'obéir, elle eut recours aux supplications et aux larmes pour fléchir sa mère. « Quoi! disait-elle, fondant en larmes, je manquerais à la promesse que j'ai faite au saint évêque Germain ! Si je ne vais pas à l'église, je perdrai le glorieux titre d'épouse de Jésus-Christ ! Je ne serai plus digne de la récompense du ciel ! »

A ces mots Géronce, cédant à un mouvement d'impatience, donne un soufflet à sa fille. Dieu l'en punit sur-le-champ. Elle perd entièrement la vue.

Quoique complètement innocente, le malheur de sa mère lui fit verser bien des larmes, et elle aurait consenti volontiers à être aveugle en place de sa mère.

Déjà depuis vingt-deux mois Géronce était privée de la lumière, quand, enfin, elle comprit qu'elle était punie pour avoir maltraité injustement sa fille, et que c'était à Geneviève elle-même qu'elle devait recourir pour recouvrer la vue.

Elle l'appelle donc et lui dit : « Ma fille, prenez un seau, je vous prie, allez de suite au puits tirer de l'eau et vous me l'apporterez. »

Geneviève court, mais oppressée par le chagrin du triste état de sa mère, elle s'arrête, et se met à pleurer sur le bord du puits. Cependant l'obéissance la presse; déjà elle a puisé l'eau, elle la présente à sa mère.

Alors Géronce, levant les mains au ciel, prie avec foi, et dit à sa fille : « Faites le signe de la croix sur cette eau, avant d'en mouiller mes yeux. » A peine l'eau a-t-elle touché ses paupières, qu'elle commence à voir. Une deuxième, une troisième fois, elle met sa confiance dans cette eau sanctifiée par les larmes et la bénédiction de sa fille : sa guérison est complète, elle recouvre entièrement la vue. Heureuse mère ! Heureuse enfant, dont le premier miracle a rendu la vue à sa mère !

Tes père et mère honoreras, afin de vivre longuement.

Parc de sainte Geneviève

LES ANGES SE RÉJOUISSENT

LA NAISSANCE DE Ste GENEVIÈVE

## V

SAINTE GENEVIÈVE GARDE LES TROUPEAUX DANS LE PARC
QUI PORTE SON NOM

’APRÈS une tradition locale constante, appuyée sur la dénomination des lieux, sainte Geneviève a été bergère.

Selon quelques auteurs son père était fort riche et très noble; selon Joubert, ses parents étaient fort pauvres et de naissance fort obscure.

La première opinion n'est pas suffisamment fondée, et la deuxième est fausse. Quand même Sévère aurait été seigneur de sept villages, sainte Geneviève n'aurait pas à rougir d'avoir été bergère et d'avoir manié la faucille des moissonneurs. Rebecca abreuvait les chameaux de Laban, David a été berger, Marie-Antoinette prenait soin de la laiterie de Versailles.

Il ne faut pas non plus plaindre sainte Geneviève d'avoir subi la condition d'une bergère au service d'autrui. Son père jouissait d'une honnête aisance. Sainte Geneviève conduisait ses troupeaux dans des pâturages qui appartenaient à son père. Aujourd'hui encore, dans certains pays agricoles, les familles emploient leurs enfants à la garde du bétail de la métairie. On a remarqué le champ où sainte Geneviève menait souvent paître son troupeau. Cette pièce de terre s'appelle encore aujourd'hui le *Parc de sainte Geneviève*.

Ce *parc* est situé à un kilomètre de la station de Nanterre, sur la route de Chatou. Avant 93 ce champ était entouré d'une défense en pierres et orné d'une chapelle qui était l'objet d'une grande vénération et le rendez-vous d'une grande foule de pèlerins.

Suivant un auteur, le pavé était émaillé de pièces de monnaie. Touchant emblème de la confiance et de la reconnaissance des fidèles !

Cette clôture en pierres juxtaposées et cette chapelle ont été emportées par le torrent révolutionnaire, après avoir servi longtemps de digue aux débordements de la Seine, qui n'osait les franchir.

Avant l'ouverture du chemin de fer, ce champ se distinguait encore par une modeste croix en bois, que des mains pieuses y avaient plantée. Aujourd'hui il n'est plus reconnaissable qu'aux excavations formées pour le remblaiement de la voie ferrée.

L'oisiveté est la mère de tous les vices.

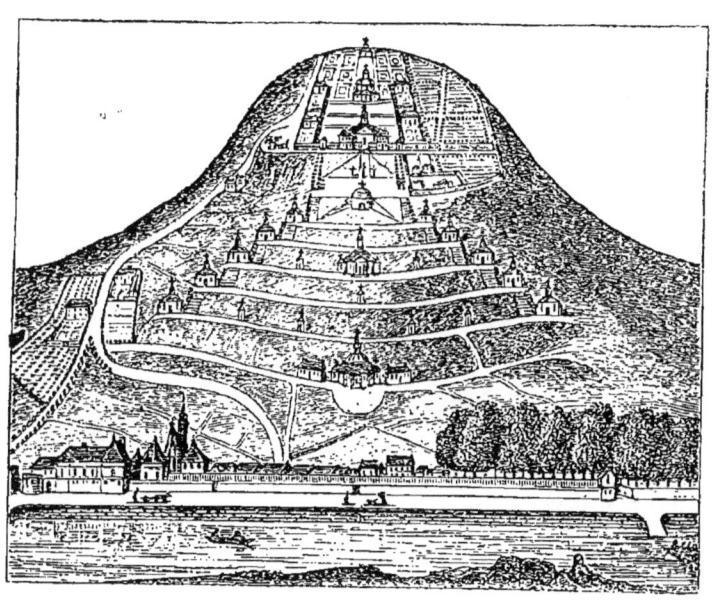

Calvaire du Mont-Valérien
Au xviie siècle

## VI

SAINTE GENEVIÈVE AUPRÈS DE SON TROUPEAU SUR LE BORD DE SA FONTAINE DU MONT-VALÉRIEN, PLEURE EN CONTEMPLANT LES BEAUTÉS DE LA NATURE

Sur le versant du Mont-Valérien situé dans le territoire de Nanterre, le père de sainte Geneviève avait une propriété où sa jeune enfant avait coutume de conduire son troupeau, aussi souvent que sur le chemin de Chatou. Là coulait une fontaine où la sainte se désaltérait et abreuvait ses brebis. Pour cette raison, de temps immémorial, ce champ et cette source s'appellent :

*Clos de sainte Geneviève* et *Fontaine de sainte Geneviève.*

Au temps où le Mont-Valérien était surmonté de son célèbre calvaire, les pèlerins avaient coutume de boire de l'eau de cette fontaine. Cette source a été déplacée, les eaux sont recueillies dans le réservoir d'un jardin particulier; de là elles sont conduites à l'entrée de la ville et peuvent servir à l'approvisionnement des habitants.

C'était sur cette montagne solitaire, c'était près de cette source limpide que Geneviève, attentive à la garde de son troupeau, s'élevait à Dieu par la vue des créatures. Dans le lointain elle découvrait les campagnes de Catheuil (tombeau de saint Denys). A ses pieds les eaux fugitives et errantes de la Seine ; à droite et à gauche des collines couvertes de bois, de vignes et de moissons: tout était pour elle comme un livre divin qui lui racontait sans cesse la sagesse, la puissance et la bonté de l'Éternel; et le cœur attendri, les yeux mouillés de larmes, elle entonnait le cantique des jeunes hommes dans la fournaise : Que toutes les œuvres du Seigneur glorifient son saint nom !

Souvenez vous de la présence de Dieu.

Entrée du cellier de sainte Geneviève

## VII

SAINTE GENEVIÈVE PRIANT DANS LE CELLIER DE LA
MAISON PATERNELLE

La prière était la continuelle occupation du cœur de sainte Geneviève. Elle priait en travaillant, elle priait au milieu des campagnes ; partout elle gardait son âme élevée à Dieu.

Cependant, elle s'était choisi un lieu réservé à ses entretiens avec le Seigneur. Le cellier, la cave de la maison paternelle étaient son oratoire de prédilection. C'est là que, solitaire et loin du tumulte, elle priait dans le secret Celui qui voit le fond des cœurs.

Une portion ou au moins le souvenir d'une partie de ce cellier subsiste encore ; on lui a donné la forme d'oratoire, où viennent s'agenouiller les fidèles. La maison primitive n'existe plus. Sur son emplacement on avait bâti une chapelle dédiée à sainte Geneviève. Cette chapelle était contiguë à l'église paroissiale, et était assez spacieuse pour prendre le nom d'église, car en 1781 le curé d'alors signait curé-prieur des deux églises de Nanterre.

On ne voit plus aucune trace de cette église.

Dans cette chapelle était renfermé le puits qui servait à l'entretien de la famille. A côté du puits se trouvait un grand bassin en pierre rempli de l'eau du puits. A ce bassin était attaché par une chaîne un verre mis à la disposition des pèlerins. Cette eau a la propriété de changer en couleur violet bleuâtre la blancheur du verre, mais elle a surtout la vertu d'opérer des guérisons merveilleuses.

Le puits actuel, avec son empierrement de forme octogone, conservé dans une cour d'environ 500 mètres, où s'ouvre l'entrée du cellier, doit être le puits primitif et véritable, attendu qu'étant renfermé autrefois dans l'enceinte de la chapelle de sainte Geneviève (I), on ne peut le supposer à une plus grande distance du lieu qu'il occupe.

De temps immémorial ce cellier avait été consacré par un autel, et Paul Beurrier, curé du lieu en 1642, témoigne que de son temps cet autel fut réparé pour célébrer les saints Mystères.

(1) Le puits actuel correspond à l'emplacement de l'ancienne chapelle détruite l'an IV de la République.

Si quelqu'un de vous est triste, qu'il prie

## VIII

SAINTE GENEVIÈVE REÇOIT LE VOILE DES VIERGES, SUIVIE DE DEUX AUTRES COMPAGNES

SAINTE Geneviève, à l'âge de raison, avait fait vœu de virginité entre les mains de saint Germain, mais il lui tardait de rendre ce vœu solennel. Cette consécration solennelle des vierges était réservée à l'évêque et avait lieu à des jours déterminés.

Sainte Geneviève, après la guérison de sa mère, croit le moment opportun pour demander le consentement de ses parents. Ils font d'abord quelque résistance, mais craignant une nouvelle punition du ciel, ils cèdent aux instances de leur fille et promettent de la conduire eux-mêmes à l'Évêque du lieu.

En la présentant au prélat, Géronce lui dit : « Ma fille étant l'espérance de ma race, j'aurais bien désiré la voir engagée dans les liens ordinaires de la famille, mais cédant à son vif désir, et dans la crainte de résister à la volonté divine, j'ai accédé à sa demande, et je vous prie de la recevoir à l'état heureux des âmes qui consacrent irrévocablement leur vie au Seigneur. »

En même temps deux autres jeunes filles se présentaient pour recevoir aussi le voile des vierges. Geneviève était beaucoup moins âgée que ses compagnes. Suivant l'usage, on fit avancer les vierges dans l'ordre indiqué par leur âge. Mais le pontife, à qui le Saint-Esprit avait manifesté que Geneviève était bien plus grande devant Dieu que celles qui la devançaient, la fit passer au premier rang, en disant : « Que celle qui est la dernière, passe la première, car elle a déjà reçu du ciel sa consécration. » Et ainsi Geneviève fut voilée et consacrée avant celles qui étaient ses aînées.

Tout porte à croire que saint Marcel, neuvième évêque de Paris, et mort en 436, eut l'insigne privilège de présider à la consécration de la future patronne de Paris. — C'est à tort que l'on attribue cet honneur à Villicus ou Julicus, évêque de Chartres, d'autant qu'aucun évêque de Chartres n'a porté ce nom, et qu'il paraîtrait extraordinaire que l'on se fût adressé à un évêque étranger.

Si l'on affirme que sainte Geneviève touchait à sa quinzième année quand elle prononça ses vœux, Villicus ne peut être que le nom dénaturé de Félix, onzième évêque de Paris vers l'an 438.

Les ordres religieux sont la sauvegarde des nations

## IX

SAINTE GENEVIÈVE DONNE DES SOINS ET DES CONSEILS
AUX MALADES (1)

Dès l'âge de dix ans, Geneviève cherchait déjà à former son esprit par l'étude; elle aimait la lecture, et, tout en gardant son troupeau, elle apprenait la Bible.

Étant parvenue à connaître la vertu, les propriétés médicinales des plantes qui croissaient en abondance sur le versant oriental du Mont-Valérien, elle en faisait provision au profit des malades, et souvent elle était consultée par les pauvres des environs.

(1) Légende locale.

Un soir, l'enfant ne revint pas à la maison à l'heure ordinaire et l'inquiétude des parents fut grande. On envoya à sa recherche : démarche sans résultat. On avait trouvé le troupeau, mais point de bergère.

On se perdait en conjectures, quand un habitant de Nanterre, qui avait travaillé jusqu'à la nuit dans les champs, apprit aux parents de Geneviève, que, vers le soir, il avait vu passer leur enfant, accompagnée d'une pauvre femme et se dirigeant vers les vignes de Rueil.

Sévère et Géronce, dans un clin d'œil, sont à Rueil et remarquent une foule de gens rassemblés devant une pauvre chaumière et parlant avec animation.

Au premier mot qu'ils entendirent, ils comprennent qu'il s'agit de leur fille. « Mon enfant! où est mon enfant ? » s'écria la mère en se précipitant dans l'unique chambre de l'habitation.

Que voit-elle ? Agenouillée devant un misérable grabat, la petite Geneviève soutenait la tête d'un pauvre vieillard, aux lèvres duquel elle présentait, dans une écuelle de terre, une boisson chaude, préparée de ses mains. Grâce à ce breuvage spécifique, le malade recouvra la santé.

L'extrême-onction est utile à l'âme et au corps
des malades

## X

ADIEUX DE SAINTE GENEVIÈVE A NANTERRE
ET AU TOMBEAU DE SES PÈRES

GENEVIÈVE avait perdu, dans quelques mois, les auteurs de ses jours. Après avoir rendu à son père, comme à sa mère, les honneurs de la sépulture, en rapport avec sa tendresse et les convenances de sa condition, sainte Geneviève revient du cimetière et rentre sous le toit paternel. Il n'y a plus personne. — Son père et sa mère n'y sont plus qu'en souvenir. — Elle n'a ni frère ni sœur. — La voilà seule au monde... Orpheline, jeune fille de quinze ans ! Que devenir à Nanterre ? La fille du ciel va-t-elle être abandonnée de la Providence ? Non.

A Paris, dans l'île de la Cité, tout près de Notre-Dame, vivait dans une modeste maison, une pieuse femme qui avait tenu Geneviève sur les fonts de baptême. Cette généreuse marraine offrit à sa fille spirituelle de la recueillir chez elle, de la protéger et de l'adopter comme son enfant. L'orpheline de Nanterre ne pouvait refuser une offre aussi favorable et elle se décida à s'éloigner du pays de son berceau.

Arriva donc le jour trop tôt venu, où il lui fallut dire adieu à tout ce que son cœur d'enfant avait tant aimé, à cette chère maison qui avait vu son berceau, à ce cellier solitaire où elle avait passé tant d'heures dans la prière, à ce parc où elle conduisait son docile troupeau ; à cet enclos, à cette fontaine du Mont-Valérien, où elle avait répandu tant de larmes délicieuses en contemplant les œuvres de Dieu dans la nature ; à ce puits dont l'eau avait guéri sa mère ; à cette église de Saint-Maurice, où elle avait reçu la grâce du baptême, où un saint évêque avait reçu ses premiers vœux, où elle avait fait sa première communion; à ces chères compagnes d'enfance qui l'aimaient comme leur sœur et qui s'empressaient de l'imiter. — Il lui fallait dire adieu à cette maison de la mort où reposaient tant d'êtres chéris.

Elle s'achemina donc du côté du cimetière et la voilà agenouillée sur la tombe de son père et de sa mère... Ses larmes prient mieux que ses paroles. — Elle a dit : *Requiescant in pace*, elle se relève à regret et la voilà sur la route de Paris.

Nanterre voudrait la retenir, mais il faut qu'elle aille où Dieu l'appelle. — Partez donc, fille prédestinée, accomplissez virilement la destinée que Dieu vous réserve! Lutèce a besoin de vous, vous devez travailler avec Clotilde à la conversion, et assister au baptême du premier roi de France; vous devez préserver Lutèce de l'invasion d'Attila; vous devez nourrir un peuple qui meurt de faim; une foule de malheureux attend de vous la délivrance. — Vivez longtemps pour jeter dans le cœur des femmes et des filles de la terre de France cette semence de foi, de courage et de charité qui sera féconde dans tous les âges.

Paris, comblé de vos bienfaits, confiant dans votre sainteté, vous choisira pour sa glorieuse et bien-aimée patronne ; la France suivra son exemple. Votre tombeau sera glorieux. Du haut du ciel vous serez bonne pour les foules qui viendront s'agenouiller à votre tombeau. Mais, vierge de Nanterre, vous n'oublierez pas votre berceau.

C'est une sainte et salutaire pensée de prier pour le morts

## XI

SAINTE GENEVIÈVE EN EXTASE VOIT LE CIEL ET L'ENFER
OUVERTS

PEU de temps après avoir quitté Nanterre pour demeurer à Paris dans la maison de sa marraine, sainte Geneviève tomba dangereusement malade.

La vie sédentaire qui succédait pour elle aux occupations de la campagne, l'influence de l'atmosphère épaisse et humide de la ville, l'exiguïté de l'habitation qu'elle occupait, et par-dessus tout la volonté de Dieu, la conduisirent aux portes du tombeau.

Geneviève fut atteinte de paralysie : ce mal envahit son corps avec une telle violence, que tous les membres restaient inertes et sans vie, et qu'on put croire que les jointures en avaient été disloquées.

Elle avait aussi perdu l'usage de la parole, et pendant trois jours son corps resta gisant, immobile, sans donner signe de vie. On l'eût crue morte, sans un peu de rougeur qui paraissait encore sur ses joues.

Mais ces trois jours d'anéantissement pour le corps avaient été pour l'âme une occasion de vives lumières.

Elle fut ravie en extase.

Pendant ces trois jours de léthargie, elle fut élevée au ciel en esprit, et comme elle le déclara elle-même, après avoir repris ses sens, un ange l'avait introduite dans le séjour des bienheureux, lui avait montré la place qui lui était réservée au milieu d'eux.

Elle avait vu les récompenses promises à ceux qui aiment Dieu ; elle avait eu l'avant-

SAINTE GENEVIÈVE EN EXTASE

)IT LE CIEL ET L'ENFER OUVERTS

goût des joies ineffables de la vie éternelle, et elle avait été glacée d'effroi à la vue des supplices réservés aux réprouvés.

Que sert à l'homme de gagner tous les biens de ce monde, s'il vient à perdre son âme ?

FUITE DES PARISIENS EFFRAYÉS

## XII

SAINTE GENEVIÈVE RASSURE LES PARISIENS EFFRAYÉS DE L'APPROCHE D'ATTILA

Au mois de mars 451, un bruit sinistre se répand tout à coup dans Paris. Attila, roi des *Huns*, à la tête d'une armée de cinq à sept cent mille barbares, a traversé le Rhin et s'est précipité sur la Gaule. Toutes les villes du Nord-Est sont prises d'assaut, brûlées, le peuple et le clergé massacrés. *Laon, Saint-Quentin* n'offrent plus que des décombres... Dans deux ou trois jours, c'en est fait de Paris... L'épouvante est générale... C'est un sauve-qui peut universel.

Ne voyant plus d'espoir que dans la fuite, les Parisiens avaient résolu d'émigrer avec leurs femmes et leurs enfants, d'emporter tous leurs biens et de se réfugier avec leurs familles et ce qu'ils pourraient sauver de leur fortune, dans d'autres villes plus sûres, soit par leurs fortifications, soit par leur éloignement du théâtre de l'invasion.

Confiante dans l'intervention du Seigneur, qui lui a promis son assistance, sainte Geneviève parcourt les rues et les places de la ville, fait part de ses espérances, rassure, encourage, affirme le secours divin.

Elle atteint un des faubourgs : là, elle voit une foule agitée ; des familles entières s'apprêtent à s'expatrier ; les chariots déjà chargés s'ébranlent. Geneviève les arrête : « Que faites-vous ? Ne fuyez pas ! Dieu vous l'ordonne par ma bouche. Il m'a révélé son secours... Craignez sa colère, si vous doutez de sa bonté. Les villes que vous croyez plus sûres seront prises et dévastées par les barbares, et Paris sera sauvé par la protection divine. »

Qui le croirait? Sainte Geneviève faillit payer de sa tête ces sages avertissements, et c'est par une circonstance providentielle qu'elle eut la vie sauve.

Recourir à la protection des saints dans le danger.

Ste Geneviève accusée devant St Germain

Ste GENEVIÈVE JUSTIFIÉE PAR St GERMAIN

## XIII

### SAINTE GENEVIÈVE ÉCHAPPE A LA FUREUR DE SES ENNEMIS

PENDANT que sainte Geneviève exhorte les Parisiens à ne pas céder à la peur, et qu'elle les assure de la protection divine, on entend la voix d'un forcené qui s'écrie : « Sommes-nous obligés de te croire ? Ne sait-on pas que tu nourris des intelligences avec l'ennemi, et que ton but est de nous retenir, pour qu'il puisse mieux nous surprendre ?

— Il a raison, ajoute un autre, encouragé

par cette première attaque : cette fille est une sorcière.

— Elle est la cause de tous nos maux, vocifère un troisième ; elle nous a jeté un sort ; nous sommes victimes de ses sortilèges. »

La confiance s'ébranle, les esprits s'échauffent, l'exaspération du petit nombre se propage bientôt chez tous, et les cris : « A mort ! » se répètent dans la foule.

Heureusement on met du temps à délibérer sur le genre de mort à lui infliger. — Les uns voulaient la lapider, les autres la noyer ; certains parlaient de la brûler sur un bûcher.

Tout à coup un homme plein d'énergie et de jeunesse fend la foule et d'une voix puissante s'écrie : « Arrêtez, malheureux ! Gardez-vous bien de commettre un si grand crime. Celle dont vous méditez la mort, nous savons par le témoignage de saint Germain, notre évêque, qu'elle a été élue de Dieu dès le sein de sa mère, et voici des Eulogies (1) que saint Ger-

---

(1) On appelle *Eulogies* des *pains bénits* que les chrétiens s'envoyaient en signe d'estime et d'amitié.

main lui a envoyées et que je lui apporte. »

Au nom de saint Germain d'Auxerre et à la vue des Eulogies qu'il avait destinées à sainte Geneviève, les Parisiens furent saisis de crainte et d'admiration, et rentrant en eux-mêmes, ils comprennent qu'ils ont offensé Dieu et calomnié une sainte. Ils renoncent à leur criminel dessein, se décident à rester dans leur ville, et n'attendent pas longtemps la vérification des promesses de la sainte.

Sédulius, archidiacre d'Auxerre, était le nom de celui qui, d'après la recommandation de saint Germain, mort depuis trois ans à Ravenne, par un retard providentiel, apportait à sainte Geneviève des Eulogies, comme souvenir du saint évêque qu'elle avait connu à Nanterre.

Mettez votre confiance dans la Providence.

Ste GENEVIÈVE OBTIENT L'ÉLOIGNEMENT D'ATTILA

## XIV

### SAINTE GENEVIÈVE PRÉSERVE PARIS DE L'INVASION D'ATTILA

LE farouche Attila se vante d'être *le fléau de Dieu,* et il se hâte d'accomplir sa redoutable destinée; de Saint-Quentin livrée aux flammes, il marche, en ligne droite, vers Lutèce. C'était le chemin direct pour gagner Orléans, et de là, après avoir mis tout à feu et à sang, dans le midi de la Gaule, se ruer sur l'Espagne.

Chose étonnante! Preuve nouvelle de la vérité de ces paroles : *L'homme s'agite, et Dieu le mène!!!*

A peine ces masses armées ont-elles fait quelques pas en avant, qu'un contr'ordre est donné. Attila fait un mouvement tournant. Par un long détour, et à une grande distance de Paris, il poursuit sa marche vers Orléans, comme s'il n'eût pas osé franchir les portes de Lutèce, affolée de terreur.

Qui donc a détourné les pas du fier Attila ? Qui donc a sauvé Paris du pillage, du massacre et de la ruine ? Une jeune fille de vingt-neuf ans, dont Attila ne soupçonne pas l'existence, qu'il ne verra jamais, et qui par ses seules prières changera le cours du torrent dévastateur.

Sainte Geneviève rassemble les femmes de Paris, les exhorte à ne mettre leur confiance qu'en Dieu, leur conseille, à l'exemple de Judith et d'Esther, de recourir au jeûne et à la prière pour détourner la catastrophe.

Dociles à ses avertissement, les femmes parisiennes se réunissent sous la présidence de sainte Geneviève et consacrent plusieurs jours de suite aux veilles, à la prière, au jeûne.

Le lieu du rendez-vous est le célèbre baptistère de Saint-Jean-le-Rond, église voisine de la maison de sainte Geneviève, et bâtie sur l'emplacement actuel du parvis Notre-Dame.

Pendant que, par son exemple, elle anime l'assemblée à la prière, Dieu lui révèle qu'elle est exaucée, et se levant aussitôt, elle s'écrie : « Je sauverai Paris. Attila prend une autre route. »

A la vérité, Attila passe à côté de Lutèce et arrive sous les murs d'Orléans par des chemins obliques. Là, bientôt encore, il sera forcé de plier sa tente par la vertu des prières d'un saint évêque, et saint Aignan sera le *sauveur* d'Orléans, comme sainte Geneviève a été la *libératrice* de Paris.

La prière du juste fléchit la colère de Dieu.

DÉMON VOULANT ÉTEINDRE LE CIERGE DE S.te GENEVIÈVE

CIERGE DE STE GENEVIÈVE RALLUMÉ PAR UN ANGE

## XV

SAINTE GENEVIÈVE A SON FLAMBEAU ÉTEINT, RALLUMÉ PAR UN ANGE

GENEVIÈVE avait la coutume de passer toutes les nuits du samedi au dimanche en veille et en prières pour honorer la résurrection du Seigneur.

Une fois qu'elle pratiquait cette pieuse dévotion, à l'heure où le chant des coqs annonçait le prochain lever de l'aurore du dimanche, la sainte, accompagnée d'une troupe de vierges, sortit avant le jour pour se rendre à la basilique de Saint-Denys, où elle allait fréquemment en pèlerinage.

La pluie tombait par torrents, le vent soufflait avec violence, et le cierge allumé que l'on portait devant elle vint à s'éteindre.

Les vierges de son cortège se mirent à crier de peur, de se trouver ainsi sans lumière, dans l'obscurité d'une nuit sombre, sous une pluie battante et dans des chemins fangeux.

Mais la sainte, pour les rassurer, s'étant fait donner le flambeau, ne l'eut pas plus tôt dans la main, qu'un ange le ralluma et elle arriva ainsi jusqu'au tombeau de saint Denys, sans que le vent ni la pluie pussent ensuite éteindre ce flambeau miraculeusement rallumé. Elle laissa ce cierge achever de brûler devant elle dans l'église.

On rapporte encore d'elle deux autres miracles analogues. Geneviève étant entrée vers le même temps dans une église, y pria très longuement prosternée sur le pavé. Lorsqu'elle eut achevé sa prière et qu'elle se leva, un cierge qu'elle tenait à la main fut miraculeusement allumé sans contact du feu.

Enfin, une autre fois, que dans sa chambre

Geneviève était restée longtemps en prière, un cierge fut encore allumé dans sa main, sans avoir touché le feu et par le seul effet de la puissance divine qui, dans ces miracles symboliques, manifestait par une flamme extérieure l'ardente ferveur des prières de la sainte.

Plusieurs malades ayant par dévotion et par esprit de foi emporté quelques morceaux de la cire de ce cierge, furent ainsi guéris de leurs infirmités et recouvrèrent parfaitement la santé.

Nous sommes les enfants de la lumière, ne marchons pas dans les ténèbres.

## XVI

SAINTE GENEVIÈVE DÉLIVRE PARIS DE LA FAMINE

L'EMPIRE romain était à l'agonie. Les aigles romaines fuyaient épouvantées devant le drapeau des Francs.

Childéric, roi des Francs, résidait à Tournay à contre-cœur ; il convoitait Paris pour capitale.

Vers l'an 456 il vint donc assiéger Paris, et après un siège de dix ans, la ville se rendit à discrétion. Ce siège, il est vrai, n'était pas entièrement continu ; néanmoins, en surveillant le cours de la Seine, il interceptait les communications par eau, et les navires ne pouvant aborder, la cité se vit réduite à la famine, vu la rareté et la cherté des vivres.

Le pauvre peuple mourait de langueur sur le pavé. Paris était un grand sépulcre, et l'on ne voyait que de pâles ombres et des squelettes horribles.

Ne pouvant supporter plus longtemps la vue de si cruelles souffrances, Geneviève, après avoir invoqué le Seigneur, se chargea de ravitailler Paris, et, quel que fut le péril, résolut d'y introduire un convoi de vivres.

Elle soumit son plan au municipe : celui-ci se montra d'abord plein d'hésitation, et fit toutes les représentations que la prudence pouvait inspirer; enfin, gagné à la confiance par le courage et la sagesse de Geneviève, il consentit à lui donner la somme nécessaire pour l'achat d'une grande quantité de grains.

Était-il plus facile d'éluder le blocus des assiégeants en sortant par la voie du fleuve, que par la voie de terre? Quoi qu'il en soit, Geneviève, alors âgée de vingt-quatre ans, résolut d'aller à la tête d'une flottille chercher des aliments en amont de Paris, à Arcis-sur-Aube, et ailleurs, selon les circonstances.

Elle s'embarqua donc, accompagnée du prêtre Bessus et d'un personnel assez nombreux pour diriger les bateaux de sa flottille, qui était composée de onze navires. Elle sut tromper la vigilance des Francs qui investissaient la ville, et forte de ce premier gage de la protection divine, elle partit à la grâce de Dieu.

La charité couvre la multitude des péchés

Sᵗᵉ GENEVIEVE DE BRACHE

Imp Lemercier & Cie Paris

RBRE QUI OBSTRUAIT LA SEINE

# XVII

SAINTE GENEVIÈVE REND LA SURETÉ A LA NAVIGATION DE LA SEINE

AINTE Geneviève avait hâte d'aborder à Arcis-sur-Aube et de revenir avec ses bateaux chargés de vivres.

On s'éloignait rapidement de Paris, on naviguait à grands coups de rame, quand tout à coup elle vit pâlir les rameurs; en même temps elle sent un mouvement insolite imprimé à la barque....

On arrivait à un lieu fort redouté des navigateurs, à cause des fréquents naufrages qui y étaient survenus. Un arbre planté sur la rive du fleuve étendait ses racines sous l'eau, de manière à former un écueil invisible, contre lequel les navires venaient se heurter, et le tourbillon que produisait cet obstacle perfide achevait d'engloutir les bateaux que le choc avait brisés ou renversés.

Aussitôt Geneviève ordonne que l'on approche son navire de la rive pour y aborder. Elle met pied à terre, et tandis que les mariniers concertaient entre eux comment ils pourraient couper l'arbre, la sainte se retire pour prier. Sa prière achevée, elle ordonne d'abattre l'arbre. A peine les mariniers avaient-ils commencé à le frapper à coups de hache, que 'arbre fut arraché tout entier jusqu'aux racines et tomba de lui-même. Dieu voulait ainsi montrer qu'il tombait sous les prières de la sainte et non sous l'effort de la cognée.

On vit aussitôt sortir du tronc deux monstres hideux, d'une énorme grandeur, ressemblant à des serpents et revêtus d'écailles de diverses couleurs, qui s'enfuirent en laissant après eux l'odeur fétide de leur souffle empesté, dont la puanteur incommoda gravement les navigateurs, pendant deux heures environ après leur disparition.

La flottille continua son mouvement en avant, et depuis ce temps il n'arriva plus jamais d'accidents aux voyageurs en cet endroit.

N'amassons pas de trésors pour ce monde, mais thésaurisons pour le ciel

## XVIII

SAINTE GENEVIÈVE COMMANDE AUX VENTS ET AUX FLOTS

APRÈS avoir échappé au péril d'un premier naufrage, sainte Geneviève mit pied à terre à Arcis-sur-Aube.
Elle fait un chaleureux appel à la charité en faveur des Parisiens, qui meurent de faim. Sa demande est d'autant mieux accueillie qu'elle l'appuie sur un éclatant miracle.

Le tribun de la ville, nommé Passivus, la pria d'entrer dans sa maison. Sa femme, depuis quatre ans, était complètement paralysée et sans mouvement. Sainte Geneviève la guérit.

Après un tel bienfait, les dons devaient être abondants, et pour laisser le temps aux habitants de payer leur tribut de reconnaissance, sainte Geneviève accomplit son dessein d'aller jusqu'à Troyes, la ville de saint Loup.

Les miracles se multiplient sur ses pas, et les dons lui arrivent en abondance.

Elle revient à Arcis-sur-Aube, où elle demeure quatre jours, pendant que l'on affrète onze bateaux chargés de vivres et de provisions.

L'embarcation descendait paisiblement la Seine, quand tout à coup un vent impétueux se mit à souffler. Les navires, violemment secoués par les flots et poussés contre les rochers qui bordaient le fleuve, s'y heurtaient rudement et se trouvaient en grand danger.

Cet ouragan fut d'autant plus redoutable que les embarcations surchargées de vivres et alourdies par le poids des provisions, se voyaient menacées d'être englouties; les vases qui contenaient ces provisions s'étant renversés, les bateaux commencèrent à se remplir d'eau et furent presque submergés.

Geneviève éleva les mains vers le ciel et implora le secours de Celui à qui les vents et la mer obéissent.

Aussitôt le calme renaît, le danger a cessé, et les bateaux menacés sont remis en bon état et en bonne voie.

Le prêtre Bessus qui accompagnait Geneviève, s'était senti glacé d'effroi à l'heure du péril. Aussi, transporté de joie à la vue de ce miracle, il se mit à chanter à pleine voix ce verset du cantique de Moïse : *Adjutor et protector factus est Dominus in salutem.* Le Seigneur nous a secourus, nous a protégés, nous a sauvés. Alors tous les mariniers de la flottille, élevant avec lui leurs voix vers le ciel, continuèrent en chœur le chant de la délivrance, glorifiant Dieu qui les avait sauvés de la mort par sa servante Geneviève.

Le reste du voyage s'effectua sans difficulté. Grâce à un brouillard épais, le convoi passa devant le camp ennemi sans être aperçu, et apporta dans Paris la joie, le courage et l'abondance.

Remerciez Dieu des biens dont il vous a comblés.

## XIX

SAINTE GENEVIÈVE DISTRIBUE EN SECRET DU PAIN AUX PLUS NÉCESSITEUX

APRÈS les nombreux et touchants épisodes de son voyage, sainte Geneviève rentrait enfin dans Paris avec onze bateaux chargés de vivres.

Le peuple affamé attendait avec une anxieuse impatience le retour de sa libératrice. Geneviève se hâta de réparer les forces des malheureux habitants, pâles, amaigris, exténués par les privations, et distribua les vivres à chacun selon ses besoins.

Elle donnait des pains entiers à ceux qu'elle voyait plus épuisés que les autres et dénués de toutes leurs forces.

Les jeunes filles qui l'assistaient dans cette pieuse distribution, et qui étaient probablement les vierges, disciples de la sainte, s'étonnaient souvent, en allant au four, de n'y pas retrouver le nombre de pains qu'elles y avaient placés.

Geneviève en avait secrètement distribué une partie aux pauvres. Mais elles devinaient bientôt qui avait enlevé ces pains du four, quand elles voyaient dans la ville les pauvres emportant des pains chauds, et qu'elles les entendaient bénir et glorifier le nom de Geneviève.

Car, dit le biographe contemporain de la sainte, elle avait l'espérance, non « des choses visibles, mais des invisibles, » et elle comprenait cette parole du prophète : « Celui qui donne aux pauvres, prête à Dieu. »

Une révélation du Saint-Esprit lui avait autrefois montré cette patrie céleste, dans laquelle ceux qui prêtent à Dieu dans la personne des pauvres, retrouvent leur trésor ; et c'est pourquoi, continue-t-il, elle pleurait toujours en priant, parce qu'elle savait que « tant qu'elle restait dans ce corps, elle était en pèlerinage loin du Seigneur. »

Déposez votre aumône dans la main du pauvre, et cette aumône intercédera pour vous.

## XX

SAINTE GENEVIÈVE GUÉRIT UN HOMME ET UNE JEUNE FILLE AVEUGLES

DANS son voyage pour le ravitaillement de Paris assiégé, d'Arcis-sur-Aube, Geneviève se rendit à Troyes. Le peuple de Troyes vint en foule à sa rencontre, lui amenant de nombreux infirmes de l'un et de l'autre sexes, atteints de diverses maladies. Elle les bénit, les marqua du signe de la croix, et à l'instant même, ils furent guéris, à l'admiration des assistants.

Dans cette même ville de Troyes, on lui

présenta un homme qui avait été frappé de cécité par la justice divine, en punition d'avoir travaillé le dimanche, ainsi qu'une jeune fille d'environ douze ans et également aveugle.

Geneviève marqua les yeux de tous deux du signe de la croix, invoquant la sainte Trinité, et leur rendit la vue.

C'était la coutume de la bienheureuse Geneviève de demeurer seule dans sa cellule, en *recluse*, depuis le jour de l'Épiphanie jusqu'au jour de l'institution du divin sacrifice qui est la Cène du Seigneur, et elle faisait cela afin de se livrer avec plus de liberté au service de Dieu, seule, dans les prières et les veilles.

Un certain jour, une femme mue par la curiosité plutôt que par la foi, voulut connaître secrètement ce que la sainte faisait dans la retraite de sa cellule. Dès qu'elle fut arrivée à sa porte, elle fut privée incontinent de la lumière de ses yeux.

La vengeance divine la punit, parce que, sans doute, elle méditait quelque mauvais dessein.

A la fin du carême, Geneviève, sortant de sa cellule, la guérit de son infirmité par ses prières et le signe de la croix.

Une femme avait dérobé en cachette les chaussures de sainte Geneviève ; dès qu'elle fut de retour à sa maison, elle perdit sur-le-champ l'usage de la vue.

Lorsque cette voleuse reconnut que l'injure faite par elle à la bienheureuse vierge était vengée d'en haut, elle se fit conduire à Geneviève par une amie et lui reporta ses chaussures, et, se jetant à ses pieds, elle la suppliait de lui pardonner et de lui rendre la vue qu'elle avait perdue.

Geneviève, qui était très bonne, la relève de terre en lui souriant, puis fait le signe de la croix sur ses yeux, qui s'ouvrent de nouveau à lumière.

Bienheureux les cœurs purs, car ils verront Dieu

Ste GENEVIÈVE RESSUSCITE UN ENFANT NOYÉ

le visage et la poitrine avec des gémissements et des sanglots, prit dans ses bras le corps inanimé du pauvre petit noyé et le déposa aux pieds de Geneviève.

La sainte couvrit de son manteau le cadavre de l'enfant, se prosterna pour prier et ne cessa de verser des larmes jusqu'à ce qu'elle eût vaincu la mort, en lui ravissant sa proie, car, à la prière de Geneviève, l'enfant ressuscita.

C'était au temps du carême, et cet enfant était inscrit au nombre des catéchumènes. L'enfant rappelé à la vie par la sainte fut baptisé la veille de Pâques, selon l'usage de l'Église de ce temps, qui baptisait surtout le samedi saint et la vigile de la Pentecôte.

Il reçut au baptême le nom de *Cellomeris,* ou *l'enfant de la cellule,* pour rappeler que c'était dans la cellule ou la chambre de sainte Geneviève qu'il avait recouvré la vie.

Dans la ville de Meaux, sainte Geneviève rencontra un homme qui avait la main et le bras desséchés jusqu'au coude et qui la supplia de lui rendre la santé.

La sainte saisit cette main desséchée, toucha les articulations des doigts et le bras paralysé, et fit le signe de la croix sur les membres malades. Dans l'espace d'une demi-heure, cet homme recouvra l'usage de sa main et de son bras, vérifiant, dit un manuscrit, la promesse que Notre-Seigneur a faite à ses disciples, en leur disant : Qu'ils opéreront des miracles comme les siens et de plus grands encore. (Saint Jean, XIV, 12.)

Ne pas différer le baptême des enfants

Bienheureux celui qui vient au secours du pauvre et de l'indigent. Dieu aura pitié de lui au jour de l'adversité

Ste GENEVIÈVE VA DEMANDER

RACE DE PLUSIEURS CONDAMNÉS

Ste GENEVIÈVE OBTIENT DE CHILD

A.

LA GRACE DE PLUSIEURS CONDAMNÉS

## XXII

SAINTE GENEVIÈVE OBTIENT LA GRACE DE PLUSIEURS
CONDAMNÉS A LA PRISON ET A LA MORT

CHILDÉRIC, roi des Francs, après s'être emparé de Paris vers le milieu du cinquième siècle, y résida quelque temps. Ce prince était païen et de mœurs dissolues. Néanmoins, il entourait la sainte de tant de vénération et d'une dévotion si profonde, qu'il n'osait jamais lui refuser absolument rien de ce qu'elle lui demandait. Et à l'exemple du roi, tous les comtes et seigneurs de la cour avaient pour sainte Geneviève la même affection respectueuse, la même déférence.

Une fois qu'il gardait en prison des captifs, condamnés à avoir la tête tranchée, Childéric, sachant que le cœur compatissant de Geneviève voudrait certainement obtenir la révocation de cette cruelle sentence, recourut à un subterfuge pour échapper, comme il le disait, aux obsessions de la sainte.

Il sortit donc de la ville et en fit fermer à clef les portes, en donnant l'ordre de mettre à mort les prisonniers, afin que la sainte, se trouvant enfermée dans les murs de Paris, ne pût le suivre et le rejoindre.

Mais sainte Geneviève, apprenant par de fidèles messagers l'action du roi, se mit en marche à la hâte pour sortir de la ville et aller trouver le prince.

A peine Geneviève fut-elle arrivée devant les portes de Paris, qui avaient été verrouillées avec soin, qu'aussitôt, à son approche, comme si elles avaient obéi à un commandement, ces serrures et ces portes s'ouvrirent d'elles-mêmes, à la grande stupeur des sentinelles qui les gardaient et à l'admiration de tout le peuple.

Elle sortit donc de la ville sans obstacle, et, continuant son chemin, rejoignit Childéric qui, confondu de voir son plan déjoué, n'en conçut que plus de vénération pour la sainte, devant qui ses serrures n'avaient pu tenir, et lui accorda, comme toujours, la grâce des condamnés.

En mémoire de ce miracle, on représente sainte Geneviève des clefs à la main.

Bienheureux les miséricordieux, car ils obtiendront miséricorde.

Ste GENEVIÈVE APRIL

## XXIII

SAINTE GENEVIÈVE APAISE LA SOIF DES OUVRIERS DE LA
BASILIQUE DE SAINT-DENYS

Un miracle éclatant signala la construction de la basilique de Saint-Denys, entreprise par sainte Geneviève.

Un jour que les ouvriers étaient occupés, les uns à couper dans la forêt le bois nécessaire à l'édifice, les autres à transporter le bois dans les chariots, il arriva que les ouvriers se découragèrent, n'ayant plus rien pour se désaltérer.

Geneviève ignorait qu'ils n'avaient plus de quoi étancher leur soif. Le prêtre Génésius en avertit la sainte, lui dit qu'il allait se rendre lui-même à Paris pour y chercher les provisions nécessaires, et la pria d'exhorter les ouvriers à la patience jusqu'à ce qu'il fût de retour.

Apprenant ce qui se passait, Geneviève se fit apporter le vase qui avait contenu la boisson des ouvriers, et quand on le lui eût apporté, elle ordonna que tout le monde se retirât. Lorsqu'elle fut seule, elle s'agenouilla et se mit à prier en répandant des larmes ; puis, quand elle sentit qu'elle avait obtenu du ciel ce qu'elle demandait, elle se leva et fit le signe de la croix sur le vase, qui se trouva aussitôt miraculeusement rempli jusqu'au bord.

Un manuscrit ajoute que, tandis qu'elle priait, elle aurait été prise de sommeil, que saint Denys lui serait alors apparu en songe, et lui ayant demandé la cause de ses larmes, lui aurait prescrit de faire le signe de la croix sur le vase, lui promettant que la provision serait désormais inépuisable.

En effet, depuis ce moment, la boisson miraculeuse dont Geneviève avait rempli le vase devint inépuisable pendant toute la durée de la construction, et suffit jusqu'à l'achèvement total de la basilique, à désaltérer surabondamment tous les ouvriers, qui en rendirent grâces à Dieu et honneur à la sainte fondatrice.

Seigneur, j'ai aimé la beauté de votre maison.

Ste GENEVIÈVE PRÉSERVE DE LA PI

SES MOISSONNEURS ET SES MOISSONS

## XXIV

SAINTE GENEVIÈVE PRÉSERVE LES MOISSONS DE LA PLUIE ET DES ORAGES

SAINTE Geneviève avait quelques possessions en terres dans le voisinage de Meaux.

Au temps de la moisson elle travaillait un jour elle-même à son champ, de concert avec ses moissonneurs, fidèle aux habitudes de simplicité des mœurs de cette époque.

Un violent orage avait soudainement éclaté; menacés d'une pluie des plus intenses, les moissonneurs de Geneviève furent grandement troublés.

La sainte, aussitôt, étant entrée sous la tente, s'agenouilla. et, selon sa pieuse coutume, se mit à prier avec larmes. Il s'ensuivit un miracle qui frappa d'admiration tous les assistants. Car, tandis que la pluie tombait tout à l'entour et inondait les moissons de tous les autres, il ne tomba pas même une goutte d'eau sur le champ et la moisson de Geneviève, ni sur ses moissonneurs.

Un prodige semblable eut lieu en faveur des habitants de Nanterre (1).

Elle revenait de son pèlerinage à Orléans et à Tours ; elle allait rentrer à Lutèce, quand, en côtoyant les rives de la Seine, il lui advint un ardent désir de voir une dernière fois son cher pays de Nanterre.

Le trajet, en descendant le fleuve, était facile et commode ; aussi le léger bateau dans lequel elle prit place la déposa au bout de quelques heures au même endroit où, à quarante-cinq ans de distance, elle avait dit adieu

(1) Nous citons ce fait à titre de gracieuse légende.

au pays qui l'avait vu naître, et que, alors, elel croyait quitter pour toujours.

Elle voulut d'abord aller se recueillir dans la modeste église où elle avait jadis prononcé son vœu de virginité, et, ce devoir accompli, elle se rendit à la demeure de ses parents, généreusement abandonnée depuis son départ à une pauvre famille.

A la vue de Geneviève, les cultivateurs, quoiqu'on fût en pleine moisson, abandonnèrent leurs travaux pour fêter leur illustre compatriote. Mais Geneviève ne voulut pas qu'il en fût ainsi, et elle exigea que tout le monde retournât aux champs. « Je suis venue pour vous aider à couper vos blés, » leur dit-elle en souriant, « et je ne réclame qu'un privilège, celui de lier la dernière gerbe. »

On se remit donc gaiement à l'ouvrage, et on parlait déjà de rentrer la récolte, quand le ciel s'étant obscurci tout à coup, on fut menacé d'un violent orage.

Mais Geneviève avait compris le danger ; elle se retira à l'écart, et, se mettant en prière, elle supplia le Seigneur d'éloigner le fléau qui allait anéantir les seules ressources de ses protégés.

La sainte fille fut exaucée à l'instant même. Dieu commanda à l'ouragan de s'éloigner, de sorte qu'il ne tomba pas une seule goutte d'eau sur les gerbes de ces bons cultivateurs, tandis que la forêt voisine fut inondée par une pluie torrentielle.

L'homme sème, c'est Dieu qui donne l'accroissement

## XXV

GUÉRISON A PARIS DE DOUZE POSSÉDÉS DU DÉMON.

 Paris, on amena un jour devant Geneviève douze possédés des deux sexes, que le démon tourmentait cruellement.

La sainte, touchée de compassion pour leur misérable état, se mit à prier avec larmes, et invoqua le secours divin pour leur délivrance.

Aussitôt les démoniaques, se sentant brûlés par un feu intérieur, furent soulevés au-dessus du sol et demeurèrent suspendus en l'air sans que leurs mains touchassent le plafond de la chambre, ni que leurs pieds atteignissent la terre, en sorte que cette suspension de leur corps dans le vide sans aucun soutien visible, frappait de terreur les assistants. Ces malheureux possédés se tordaient en poussant des cris horribles, tantôt déclarant d'une voix lamentable qu'ils se sentaient tourmentés par d'affreux supplices, tantôt se recourbant sur eux-mêmes comme s'ils eussent été attachés en forme de rouleaux, tantôt frappant l'air à coups redoublés de leurs bras, et en s'arrachant les cheveux.

Geneviève, s'étant relevée, après avoir achevé sa prière, ordonna de les conduire à la basilique de Saint-Denys.

Les énergumènes se mirent alors à crier qu'ils ne pouvaient avoir la faculté de marcher que si Geneviève les déliait par le signe de la croix. La sainte, les ayant marqués du signe de la croix, leur ordonna de marcher ; on leur lia les mains derrière le dos pour les empêcher de se faire du mal et de s'échapper, et ainsi enchaînés, et gardant enfin le silence, ils furent conduits à la basilique de Saint-Denys.

La sainte les y rejoignit au bout de deux heures environ, ne pouvant aller aussi vite qu'eux, fatiguée par la longueur du chemin.

A son arrivée, elle se prosterna sur le pavé, et se mit à prier, selon sa coutume, en versant des larmes.

A ce moment les démoniaques se mirent à crier, avec des hurlements épouvantables, qu'ils sentaient arriver et approcher ceux que Geneviève avait appelés à son aide.

Probablement, dit l'antique historien, le démon qui se sentait chassé de ces malheureux par les mérites de la sainte, voulait parler des anges, des apôtres, des martyrs et des autres saints, ainsi que de Notre-Seigneur lui-même qui venaient à l'appel de Geneviève.

La sainte ayant achevé de prier, se leva, fit le signe de la croix sur chacun des possédés, tour à tour. Aussitôt ils furent tous délivrés de l'obsession des esprits immondes.

Au même instant, une puanteur insupportable frappa l'odorat de tous les assistants, afin que tous comprissent par la marque sensible de cette odeur repoussante, que ces malheureux venaient d'être délivrés de la domination pestilentielle des esprits infernaux.

Tout le peuple glorifia Dieu et Geneviève pour ce prodige.

Veillez et priez de peur de succomber à la tentation.

## XXVI

SAINTE GENEVIÈVE A LE DON DE LIRE AU FOND DES CŒURS. ELLE EXHORTE AU REPENTIR UNE PÉCHERESSE QUI REFUSAIT D'AVOUER SA FAUTE.

N jour, arriva de Bourges à Paris, pour s'entretenir avec Geneviève, une fille qui avait reçu la consécration de vierge sacrée, mais qui avait ensuite enfreint son vœu par des relations sacrilèges.

Cette personne avait réussi à cacher sa faute, et passait dans l'opinion publique pour être encore vierge.

Geneviève lui demanda si elle était veuve ou vierge sacrée.

Cette femme répondit résolument qu'ayant reçu le voile des vierges elle était restée fidèle à ses promesses, et qu'elle servait fidèlement Jésus-Christ dans l'état virginal.

Alors Geneviève lui dit quel était le temps, le lieu, où elle avait commis la violation sacrilège de son vœu ; elle lui dit même le nom de son complice.

Cette malheureuse coupable, sentant sa conscience l'accuser, et épouvantée de voir que Geneviève en connaissait surnaturellement les secrets, se jeta aux pieds de la sainte en rougissant de sa faute et de son imposture.

Geneviève alors, la prenant à part, lui rappelle la miséricorde du Seigneur, lui cite l'exemple de Magdeleine à qui il a été beaucoup pardonné, l'embrasse, l'exhorte au repentir, et lui promet de prier beaucoup pour elle.

Dieu l'a dit : Le voleur est préférable au menteur

Ste GENEVIÈVE EXHORTE SES COMPAGNES

## XXVII

### SAINTE GENEVIÈVE EXHORTE LES FILLES DE SON MONASTÈRE

SAINTE Geneviève avait surtout le secret de se concilier le respect et l'affection des filles et des enfants. Sa vertu avait un charme qui attirait à elle un grand nombre de jeunes filles de la cité. Elle avait à peine vingt-quatre ou vingt-cinq ans, que déjà les vierges sacrées s'attachaient à elle comme ses disciples, et se réunissaient souvent auprès d'elle dans sa maison pour recevoir ses enseignements et profiter de ses exemples.

Le nombre de ces pieuses filles étant devenu trop considérable pour l'exiguïté de sa maison, Geneviève se détermina à les réunir en communauté. Elle fit donc construire à ses frais dans Paris un monastère de vierges, situé près de sa demeure, à côté de l'église ou baptistère de Saint-Jean-le-Rond, et elle eut l'insigne honneur d'être la fondatrice de la première maison religieuse à Paris.

Sous Louis X ces religieuses s'appelèrent Haudriettes, du nom d'Etienne Haudry, qui apporta d'importantes modifications à la maison primitive.

Le monastère de sainte Geneviève acquit une grande célébrité pour avoir ouvert ses portes à des filles remarquables par leur sainteté, autant que par la noblesse de leur origine : sainte Alde ou Aude, si vénérée des Parisiens, cette disciple fidèle, cette amie intime de sainte Geneviève, dont les reliques reposaient à côté de celles de sa compagne en sainteté ; sainte Célinie, dont la vocation fut signalée par un acte héroïque, que nous raconterons à l'occasion de la fontaine miraculeuse de Juilly.

L'influence salutaire et sanctifiante de sainte Geneviève n'était pas seulement ressentie par Clovis et sainte Clotilde, mais elle s'étendait sur toute la famille royale.

Une sœur de Clovis, nommée Alboflède et baptisée en même temps que lui, et une fille de Clovis, nommée Théodechilde, se présentèrent à sainte Geneviève pour se préparer à recevoir le voile des vierges.

Telles étaient les plus remarquables des nombreuses disciples que sainte Geneviève instruisait par ses leçons, dirigeait par ses conseils et encourageait par ses exemples.

Bienheureux ceux qui écoutent la parole de Dieu
et qui la mettent en pratique

## XXVIII

SAINTE GENEVIÈVE FAIT JAILLIR UNE FONTAINE DANS LE PARC DE JUILLY

Dans un des voyages qu'elle fit dans la ville de Meaux, sainte Geneviève reçut les confidences d'une jeune fille nommée Célinie. Cette fille, de haute naissance et douée d'éminentes qualités, était fiancée à un jeune homme très considéré dans le pays.

Célinie affirme à sainte Geneviève qu'elle est résolue à rompre ses engagements pour se consacrer à Dieu, et qu'elle est prête à la suivre à Paris.

A cette nouvelle son fiancé accourt dans l'espoir de la dissuader. Déjà elles se mettaient en route, quand elles aperçoivent le jeune homme qui va les atteindre. Elle n'ont que le temps de se réfugier dans l'église voisine, dont les portes se referment d'elles-mêmes après leur entrée.

Etonné de ce prodige, le jeune homme fait le sacrifice de ses espérances, et ne s'oppose plus à leur départ.

Il s'agissait de parcourir à pied un chemin de dix lieues. Le trajet était pénible, les routes très mauvaises, la température brûlante. Célinie, brisée d'émotion, ne tarda pas à éprouver une grande lassitude, et malgré son courage, elle est obligée de s'arrêter et demande à se désaltérer.

On se trouvait dans les terres qui avoisinent Dammartin. Sainte Geneviève cherche partout, écoutant en vain si elle n'entendait pas le murmure de quelque source. Elle se prosterne pour prier, se relève, fait le signe de la croix en frappant du pied contre un rocher voisin, et aussitôt un jet clair et limpide jaillit de la pierre. Célinie apaise sa soif, sent renaître ses forces, se met en marche, et les deux vierges peuvent gagner la demeure d'un paysan, qui se fait un bonheur de les conduire à Paris dans sa charrette.

Cette source qui avait jailli sous le pied de Geneviève coule encore dans le parc du collège de Juilly. Une chapelle de la vierge fût bâtie près de la source, et devint un lieu de pèlerinage, où l'on venait de très loin goûter les eaux saines et purifiantes de la fontaine.

Tous les ans un vase rempli de l'eau miraculeuse arrive à Paris le jour du banquet des anciens élèves de Juilly, et c'est avec elle qu'est porté le toast d'usage à la fraternité et à la prospérité du collège.

Suivez le conseil de saint Jean, le disciple bien-aimé :
« Mes enfants, n'aimez pas le monde, ni tout ce qui est dans le monde. »

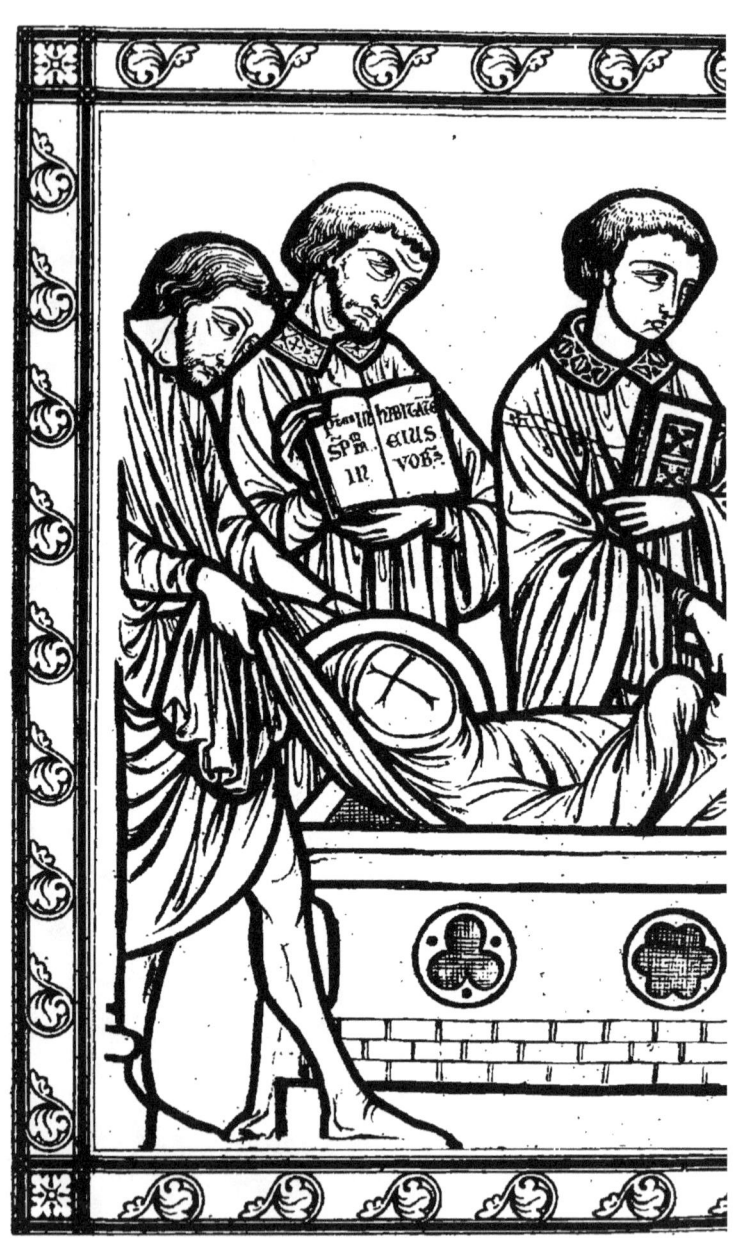

Ste GENEVIÈVE ATTIRE

## XXIX

SAINTE GENEVIÈVE ATTIRE LA FOULE A SON TOMBEAU

L'AN 512, le 3 janvier, cinq semaines, jour pour jour, après la mort de Clovis, Geneviève entourée de vierges auxquelles, depuis cinquante ans, elle servait de mère, s'endormit paisiblement dans les bras du Seigneur, à l'âge de plus de quatre-vingts ans.

Son corps fut porté avec beaucoup de pompe près de celui de Clovis, dans la crypte de l'église Saint-Pierre-et-Saint-Paul, qui plus tard s'appellera : *la Douce Bergère de Nanterre* ou *Église de sainte Geneviève*.

Le tombeau en pierre ne fut d'abord recouvert que d'un édicule en bois. Une lampe brûlait constamment devant ce modeste tombeau et l'huile doublement miraculeuse de cette lampe ne s'épuisait jamais et guérissait les malades.

En 635 le tombeau de sainte Geneviève fut transformé en une sorte de châsse richement ornée, due au travail de saint Éloi. Cette châsse fut enrichie, d'année en année, de siècle en siècle, d'or et de pierreries, et la révolution de 93 crut s'enrichir en la faisant fondre à la Monnaie.

Au premier bruit de la mort de sainte Geneviève, d'une voix unanime on la proclama *Sainte* et *Patronne de Paris.*

Dieu se plut à glorifier son tombeau par de nombreux miracles. Aussi dans tout le cours des âges les foules accouraient pour vénérer les reliques de la sainte.

Le vendredi surtout, la crypte était encombrée de pèlerins. Des milliers de cierges brûlaient en son honneur. Des milliers d'ex-voto témoignaient de la reconnaissance des malades guéris, des grâces obtenues.

Plusieurs fêtes furent instituées en son honneur, et de nos jours encore, l'impiété n'a pas réussi à faire oublier aux Parisiens le pèlerinage de sainte Geneviève.

Ses ossements ont été brûlés en place de Grève, les cendres en ont été jetées aux vents. Mais des fragments avaient été depuis longtemps distribués à plusieurs églises. On les a recueillis dans deux châsses, dont l'une est exposée à l'église Sainte-Geneviève, et l'autre à Saint-Etienne-du-Mont, qui possède aussi la pierre de son tombeau.

Puissent-elles être encore le palladium de Paris et de la France.

Soyez le pèlerin fidèle au berceau et au tombeau
de sainte Geneviève

## XXX

SAINTE GENEVIÈVE FAIT RECULER LA SEINE DEVANT SON LIT DE MORT

DANS un hiver de la première moitié du ix° siècle, la Seine grossie par des pluies torrentielles, et par la fonte d'abondantes neiges, déborda d'une manière si terrible qu'elle inonda Paris, et chassa le peuple et le clergé des maisons et des églises.

L'évêque *Inchadus* qui gouvernait l'église de Paris de 810 à 839, exhorta les fidèles à apaiser le ciel par des jeûnes. Il ordonna aussi aux prêtres et aux clercs de visiter à l'aide de bateaux toutes les basiliques et les églises en emportant des livres et des ornements sacrés, afin de voir si l'on pouvait encore y célébrer les offices divins.

L'un d'eux, nommé Richard, s'étant embarqué, parvint en bateau au monastère des vierges que sainte Geneviève avait fondé près de l'église Saint-Jean-le-Rond, la même église baptistère où la sainte avait réuni en prières publiques les femmes de Paris au temps de l'invasion des Huns.

On conservait encore dans ce monastère le lit où sainte Geneviève avait rendu son âme à Dieu.

Richard trouva le monastère inondé par les eaux qui l'avaient envahi jusqu'à la moitié de la hauteur de ses murailles. Mais, par un miracle éclatant, les eaux qui environnaient de toutes parts le lit de la sainte, restaient suspendues à l'entour et au-dessus de ce lit vénéré, et formaient autour de lui comme un mur, sans avoir pu le couvrir ni même le mouiller. Richard informe l'évêque qui se transporte en ce lieu avec le clergé et une multitude de peuple. On rend grâces à Dieu et à la sainte, qui présente par sa puissance, avait obligé les eaux à respecter le lit d'où elle s'était envolée au ciel.

En outre, depuis ce même jour, la Seine débordée baissa promptement et rentra dans son lit, voulant, dit le chroniqueur, avoir un miracle à compter parmi les miracles de sainte Geneviève.

Souvenez-vous de sanctifier le jour du Seigneur.

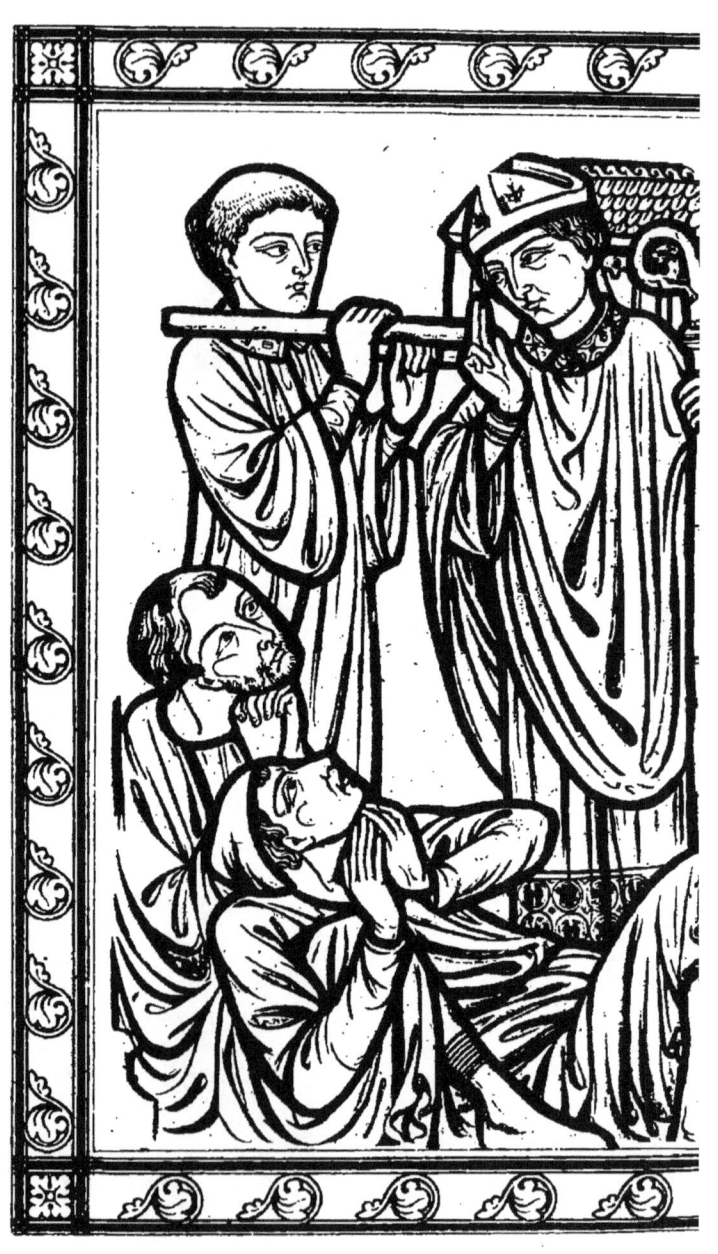

Ste GENEVIÈVE DÉLIVRE

IS DE LA PESTE DES ARDENTS

# XXXI

### SAINTE GENEVIÈVE DÉLIVRE PARIS DE LA PESTE DES ARDENTS

Deux fois pendant sa vie, sainte Geneviève avait sauvé Paris. Elle le sauvera encore après sa mort. Dans les calamités publiques on portait en procession la châsse contenant ses reliques, et chaque fois on obtenait la cessation des fléaux. On compte soixante-dix-sept processions de ce genre, dont la plus célèbre par son objet et ses résultats fut la seconde, ordonnée à l'occasion de la peste dite des *Ardents*.

En 1129, une épidémie étrange et terrible sévissait en France et principalement à Paris. Elle fut qualifiée de *feu sacré* et de *mal des Ardents*, parce que les malheureux qui en étaient atteints sentaient leurs membres brûlés et dévorés par une sorte de feu qui les conduisait à la mort après d'horribles souffrances.

Déjà on comptait près de quatorze mille victimes. Tout remède humain était superflu. Le peuple apportait les malades, non seulement de Paris et des environs, mais même des provinces éloignées, et les déposait dans l'ancienne cathédrale, bâtie sur l'emplacement de l'Archevêché démoli en 1830.

On entassait donc ces malheureux dans l'église de Notre-Dame. L'encombrement ne laissait plus dans la nef qu'un étroit passage à peine suffisant pour la circulation du clergé et pour la célébration des offices, suspendus en partie pour cette cause, et par l'effet de la consternation générale.

L'évêque de Paris, Etienne de Senlis, navré au spectacle de tant de douleurs, ordonne d'abord des prières publiques et une procession avec les reliques des saints.

Le fléau continue.

Enfin il supplie les Génovéfains de lui octroyer une procession avec la châsse de sainte Geneviève. La procession a lieu en grande pompe. Une foule immense encombrait les rues.

Cent trois infortunés atteints du mal remplissaient la nef.

A peine la châsse a-t-elle franchi le seuil de l'église, que cent des malades furent instantanément guéris. Trois furent exceptés, par leur défaut de confiance.

A dater de ce jour, l'épidémie cessa partout, non seulement dans Paris, mais dans toute la France.

L'année suivante, le pape Innocent II, informé de ce miracle, ordonna, sur la demande de Louis VI, que l'anniversaire en serait célébré le 26 novembre par une fête qui prit le titre de : *l'Excellence de sainte Geneviève* ou de *Sainte Geneviève du miracle des Ardents*.

L'église paroissiale qui occupait l'emplacement de la maison de sainte Geneviève, prit le nom de *Sainte-Geneviève-des-Ardents*, et le pape attacha des indulgences à cette église.

Sainte Geneviève de Nanterre, patronne de Paris et de la France, priez pour nous !

Autel de sainte Geneviève dans l'église de Nanterre

# TABLE DES MATIERES

Sainte Geneviève de Van Loo.
Ex-Voto a Sainte Geneviève..... x
Prologue. — Pèlerinage au berceau de sainte Geneviève. Historique......................... xv
Puits de Sainte Geneviève (1<sup>er</sup> dessin).
I Les anges se réjouissent de la naissance de sainte Geneviève (2<sup>e</sup> dessin) (1)..................... 1
II Saint Germain reçoit la consécration de sainte Geneviève à Dieu (3<sup>o</sup> dessin)................... 3
III Sainte Geneviève reçoit une médaille de la main de saint Germain (4<sup>e</sup> dessin)............... 6
IV Sainte Geneviève est maltraitée par sa mère et lui rend la vue (5<sup>o</sup> dessin) (2).................. 10
V Sainte Geneviève garde les troupeaux dans le parc qui porte son nom (6<sup>o</sup> dessin)................ 15
Calvaire du Mont-Valérien (7<sup>e</sup> dessin) 21
VI Sainte Geneviève, sur le Mont-Valérien, pleure en contemplant les beautés de la nature............ 23
VII Sainte Geneviève priant dans le cellier de la maison paternelle (8<sup>o</sup> dessin).................... 29

(1) Page double.
(2) *Idem.*

| | | |
|---|---|---|
| VIII | Sainte Geneviève reçoit le voile des vierges... | 33 |
| IX | Sainte Geneviève au chevet d'un malade... | 37 |
| X | Adieux de sainte Geneviève à Nanterre... | 41 |
| XI | Extase de Sainte Geneviève (9ᵉ dessin) (1)... | 45 |
| XII | Sainte Geneviève rassure les Parisiens (10ᵒ dessin) (2)... | 49 |
| XIII | * Geneviève accusée, justifiée (11ᵒ dessin)... | 53 |
| XIV | Sainte Geneviève par ses prières délivre Paris de l'invasion d'Attila (12ᵉ dessin)... | 57 |
| XV | Sainte Geneviève a son cierge rallumé par un ange (13ᵒ dessin) (3) | 61 |
| XVI | Sainte Geneviève délivre Paris de la famine (14ᵒ dessin)... | 65 |
| XVII | Sainte Geneviève rend la sûreté à la navigation de la Seine (15ᵒ dessin)... | 69 |
| XVIII | Sainte Geneviève commande aux vents et aux flots... | 73 |
| XIX | Sainte Geneviève distribue des pains aux plus nécessiteux... | 77 |
| XX | Sainte Geneviève rend la vue aux aveugles (16ᵒ dessin) (4)... | 81 |

\* NOTA. — Le dessin page 53 représente saint Germain de passage à Paris, en 446, justifiant lui-même sainte Geneviève de certaines paroles désobligeantes de la part des Parisiens.

(1) Page double.
(2) *Idem.*
(3) *Idem.*
(4) *Idem,*

| | | |
|---|---|---|
| XXI | Geneviève rend la vie à un enfant et guérit un bras paralysé (*17ᵉ dessin*).................... | 85 |
| XXII | Sainte Geneviève obtient la grâce de plusieurs condamnés à la prison et à la mort (*18ᵉ dessin*) (1).. | 89 |
| XXIII | Sainte Geneviève apaise la soif des ouvriers (*19ᵉ dessin*) (2)......... | 93 |
| XXIV | Sainte Geneviève détourne les orages et la pluie (*20ᵉ dessin*) (3).... | 97 |
| XXV | Sainte Geneviève délivre à Paris douze possédés du démon ...... | 101 |
| XXVI | Sainte Geneviève a le don de pénétrer les consciences............ | 105 |
| XXVII | Sainte Geneviève exhorte les filles de son monastère (*21ᵉ dessin*)... | 107 |
| XXVIII | Sainte Geneviève fait jaillir une fontaine dans le *parc de Juilly*.. | 111 |
| XXIX | Sainte Geneviève attire la foule à son tombeau (*22ᵉ dessin*) (4)..... | 115 |
| XXX | Sainte Geneviève fait reculer la Seine devant son lit de mort.... | 119 |
| XXXI | Sainte Geneviève délivre Paris de la *peste* (*23ᵉ dessin*) (5) ......... | 123 |
| | Autel de sainte Geneviève dans l'église de Nanterre (*24ᵉ dessin*). | 127 |
| | Anciennes fortifications de Nanterre (*25ᵉ dessin*). | |

(1) Page double.
(2) Dessin sur quatre pages.
(3) Page double.
(4) *Idem.*
(5) *Idem.*

Anciennes fortifications de Nanterre.

www.ingramcontent.com/pod-product-compliance
Lightning Source LLC
Chambersburg PA
CBHW071943160426
43198CB00011B/1517